DIE VERFILMUNG HISTORISCHER ZEITUNGEN

DIE VERFILMUNG HISTORISCHER ZEITUNGEN

Förderprogramme der Deutschen Forschungsgemeinschaft
Ein Verzeichnis

von
Joachim-Felix Leonhard

VITTORIO KLOSTERMANN · FRANKFURT AM MAIN

ZEITSCHRIFT FÜR BIBLIOTHEKSWESEN UND BIBLIOGRAPHIE
SONDERHEFT 47

CIP-Titelaufnahme der Deutschen Bibliothek

Leonhard, Joachim-Felix: Die Verfilmung historischer Zeitungen : Förderprogramme d. Dt. Forschungsgemeinschaft ; e. Verz. / hrsg. von Joachim-Felix Leonhard. – Frankfurt am Main : Klostermann, 1988 (Zeitschrift für Bibliothekswesen und Bibliographie : Sonderheft ; 47) ISBN 3-465-01826-5
NE: HST; Zeitschrift für Bibliothekswesen und Bibliographie / Sonderheft

Satz und Druck: Otto KG, Heppenheim/Bergstraße
Printed in Germany

Inhalt

Vorwort

Gilt im allgemeinen Verständnis, daß kaum eine Publikationsform, kaum ein Informationsträger eine geradezu sprichwörtlich rasche Vergänglichkeit zeitigt, wie dies der „Zeitung von gestern" weithin zugeschrieben wird, so erfährt, so paradox dies klingen mag, die „Zeitung von vorgestern" wiederum rasche und intensive Aktualität: Sie ist historische Quelle für viele und vielfältige Fragestellungen historischen Interesses. Zeitungen als historische Quellen werden in Bibliotheken und Archiven gesammelt, aufbewahrt, erschlossen und der wissenschaftlich interessierten Öffentlichkeit zur Verfügung gestellt. Die großen, nicht gerade handlichen Formate von gebundenen Zeitungen, die Notwendigkeit konservatorischer Pflege dieser durch das meist säurehaltige Papier und durch steigende Benutzung gefährdeten Bestände haben es nahegelegt, die Verfilmung von historisch wertvollen Zeitungen in die Bibliotheksförderung der Deutschen Forschungsgemeinschaft einzubeziehen. Wenn die Deutsche Forschungsgemeinschaft Bibliotheken und Archive mit finanziellen Mitteln im Rahmen von Projekten bei der Verfilmung von historisch wertvollen Zeitungen unterstützt, so geschieht dies stets auf der Basis der gleichen Prinzipien, in deren Rahmen sie auch sonst innerhalb der Bibliotheksförderung einzelne Institutionen fördert: Sie handelt dabei aus überregionalem Interesse, um die Arbeitsbedingungen für die einzelnen Wissenschaftler zu verbessern, und gewährt Unterstützung nach dem Prinzip der Subsidiarität; von der Grundverantwortung in der Förderung und im Unterhalt einer Bibliothek oder eines Archivs entlastet sie den jeweiligen Träger dabei nicht.

Diese Veröffentlichung soll nicht nur Ergebnisse überregionaler Förderung in einem bestimmten Bereich vorlegen, sondern vor allem Information und Nachweis über Verfilmungen bieten, auch als Orientierungshilfe für Bibliotheken, Archive und andere Institutionen, wenn diese die Verfilmung von Zeitungen beabsichtigen. Nicht zuletzt auch aus diesen Überlegungen hat der Bibliotheksausschuß der Deutschen Forschungsgemeinschaft diese Veröffentlichung empfohlen. Nicht nur die Planung und Einrichtung der überregional angelegten Förderung zur Verfilmung von Zeitungen sowie die Beratung und Begutachtung einzelner Projekte sind als das Ergebnis einer konstruktiven und effektiven Zusammenarbeit Mehrerer anzusehen, sondern auch die in diesem Sonderheft vorgelegten Ergebnisse. So gilt ein herzliches Wort des Dankes den Mitgliedern des Unterausschusses für die Verfilmung historisch wertvoller Zeitungen, nämlich Herrn Dr. Hans Bohrmann, Direktor des Instituts für Zeitungsforschung in Dortmund und Geschäftsführer des Mikrofilmarchivs der deutschsprachigen Presse in Dortmund, dem ich insbesondere für wertvolle Anregungen und Hinweise für das Manuskript verbunden bin, ferner Herrn Professor Dr. Eckhart G. Franz, Direktor des Hessischen Staatsarchivs Darmstadt, Herrn Dr. Willi Höfig, Fachreferent für den Sammelschwerpunkt Ausländische Zeitungen und Illustrierte an der Staatsbibliothek Preußischer Kulturbesitz in Berlin, Herrn Wilbert Ubbens M. A., Fachreferent für Publizistik und Kommunikationswissenschaften an der Staats- und Universitätsbibliothek Bremen, und Herrn Dr. Günther Wiegand, Direktor der Universitätsbibliothek Kiel und gleichzeitig Vorsitzender des Unterausschusses. Dankbar bin ich aber auch meinen beiden Kollegen, Herrn Dr. Horst Braun, dem Leiter der Fachgruppe Wissenschaftliches Bibliothekswesen bei der Deutschen Forschungsgemeinschaft, und Herrn Reinhard Rutz für Anregungen und Hinweise, die sie mir in vielen kollegialen Gesprächen bei der Planung und Durchführung des Programms gaben. Besonderen Dank sage ich Herrn Karlheinz Pohl, der als zuständiger Sachbearbeiter in der Fachgruppe Wissenschaftliches Bibliothekswesen in der Geschäftsstelle der Forschungsgemeinschaft nicht nur die Antragsbearbeitung und die Begutachtung von Projekten mitvorbereitet, sondern auch die Übersichten in diesem Heft besorgt hat. Frau Barbara Kiefer danke ich für das nicht einfache Lesen der Korrekturfahnen.

Bonn-Bad Godesberg, im Herbst 1987 — Joachim-Felix Leonhard

Sammeln und Bewahren, Archivieren und Benutzen

Zur Einführung

Historisch-politische Forschungen und Fragestellungen im regionalgeschichtlichen Rahmen sind, soweit es die Erforschung der neuzeitlichen historischen Entwicklungen und der Zeitgeschichte angeht, seit einiger Zeit stark in den Vordergrund wissenschaftlichen Interesses gerückt. In diesem Rahmen haben Zeitungen als historische Quellen der Alltagsgeschichte insbesondere im regionalen Bereich eine wichtige Bedeutung für einzelne Untersuchungen gewonnen. Nicht selten bieten sie neben archivalischen Quellen die einzige Information für bestimmte Fragestellungen. Ganz besonders gilt dies für historische Abschnitte wie beispielsweise die Zeit nach den beiden Weltkriegen, in denen man „mehr an das Handeln dachte als an die Dokumentation", wie es der Historiker Fritz Ernst einmal treffend beschrieb.

Wenn daher Zeitungen gerade für neuzeitliche und vor allem für zeitgeschichtliche Forschungen ein zunehmend höherer Stellenwert zukommt, so führt dies auch zu einer stärkeren Benutzung dieser besonderen Form von Bibliotheks- und Archivbestand.[1] Das Interesse an historischen Zeitungen hat nicht allein im Rahmen von Forschung und Lehre, sondern auch bei nicht weniger ambitionierten Heimatforschern und historisch interessierten Laien zugenommen. In einigen Bibliotheken hat die stärkere Benutzung der historisch wertvollen Zeitungen bereits zu ernsthaften Schäden geführt. Berücksichtigt man zusätzlich, daß Zeitungen aufgrund der chemischen Zerfallsprozesse (durch Übersäuerung und hohen Anteil des Holzschliffs, der seit Anfang des 19. Jahrhunderts in der Papierproduktion Verwendung fand und die Qualität nachhaltig verschlechterte) ohnehin in ihrer Bestandserhaltung gefährdet sind, so bewegen sich die Bibliotheken in der Verwaltung von Zeitungsbeständen gleichsam auf ein Lavieren zwischen Skylla und Charybdis zu, wenn sie sich einerseits für die konservatorische Bestandspflege und andererseits auch für den Benutzerservice zu entscheiden haben. Beides zugleich – dies ist natürlich nicht nur ein Problem von Zeitungen, sondern der gesamten, von Zerfallsprozessen

[1] Zur Verwaltung von Zeitungen in Bibliotheken vgl. allgemein Zeitungen in Bibliotheken. Bericht über ein Stiefkind mit notwendigen Empfehlungen, hrsg. v. Willi Höfig u. Wilbert Ubbens im Namen der Zeitungskommission des Deutschen Bibliotheksinstitutes, Berlin, 1986, 388 S. (dbi-materialien 49).

bedrohten Literatur ab der Mitte des 19. Jahrhunderts[2] – ist ohne größere und umfangreiche Maßnahmen zur Konservierung und Erhaltung der Originale und damit ohne finanzielle Investitionen nicht zu leisten. Dies gilt um so mehr, als der Benutzungsdruck infolge des gestiegenen historisch-politischen Forschungsinteresses in der Zukunft eher noch zunehmen wird.

[2] Das Problem von *Conservation* und *Preservation* wird die Bibliotheken in der nächsten Zukunft intensiv beschäftigen. Methoden und Organisationsformen werden bzw. müssen entwickelt werden. Dabei ist zu berücksichtigen, daß es zum gegenwärtigen Zeitpunkt keine gesicherten Erkenntnisse gibt, die der einen Methode den Vorzug gegenüber einem anderen Verfahren geben. Zum Problemkreis vgl. Franz Georg Kaltwasser, Restaurierung und Konservierung als Aufgabe der Bibliotheken. Die „Conference on Preservation of Library Materials" in der Österreichischen Nationalbibliothek, Wien, 7. bis 10. April 1986, in: ZfBB 33 (1986) S. 346–358. – Einen knappen und informativen Überblick über einzelne Verfahren gibt Hartmut Böhrenz, Massenkonservierung. Vom Papierzerfall bedrohter Bibliotheksbestände des 19. und 20. Jahrhunderts, in: Mitteilungen der Staatsbibliothek Preußischer Kulturbesitz Berlin 18 (1986), H. 3, S. 167–170.

[3] Vgl. Hans Bohrmann, Chronik der Institute. Institut für Zeitungsforschung der Stadt Dortmund 1979–1982, in: Publizistik 28 (1983) 3, S. 426–428; ders., Zur Mikroverfilmung von Zeitungen. Das Mikrofilmarchiv der deutschsprachigen Presse und das Institut für Zeitungsforschung der Stadt Dortmund, in: Der Archivar 37 (1984), Sp. 201–208; Roland Seeberg-Elverfeldt, Gründung und Entwicklung des Mikrofilmarchivs der deutschsprachigen Presse e. V. (MFA), in: Mikrofilm-Archiv der deutschsprachigen Presse (wie Anm. 4), S. 15–19.

Die Verfilmung von Zeitungen durch verschiedene Bibliotheken, Archive und Institutionen

Um Zeitungen zu erhalten, intensiver nachzuweisen und im überregionalen Rahmen der Forschung zur Verfügung zu stellen, wurden bereits in der Vergangenheit verschiedene Förderungsmaßnahmen ergriffen. In diesem Rahmen spielte die Gründung des Mikrofilmarchivs der deutschsprachigen Presse in Dortmund im Jahre 1965 eine wichtige Rolle, da in diesem Archiv, das dem Institut für Zeitungsforschung der Stadt Dortmund angegliedert ist, Mikrofilme zentral gesammelt und für wissenschaftliche Interessen zur Verfügung gestellt werden.[3] Die dort archivierten Mikrofilme werden in den Bestandsverzeichnissen des Mikrofilmarchivs erfaßt.[4] Diese Verzeichnisse weisen in ihrem Hauptteil die Originalmikrofilme von Zeitungen nach, die von Bibliotheken, Archiven und interessierten Wissenschaftlern als Duplikat erworben werden können, und geben darüber hinaus in einem Anhang Informationen über Standorte von Duplikatmikrofilmen in einzelnen Bibliotheken und Institutionen der Bundesrepublik sowie der Association pour la Conservation et la Reproduction Photographique de la Presse in Paris und der British Newspaper Library als Sondersammlung der British Library in London.[5] Bisher wurden die Bestandsverzeichnisse des Mikrofilmarchivs in einem bestimmten Turnus jeweils neu aufgelegt und publiziert. Es wäre jedoch gemeinsam mit den zu beteiligenden Institutionen und Gremien zu überlegen und in die künftigen Planungen einzubeziehen, in Zukunft den Nachweis von Zeitungsmikrofilmen vor allem des Mikrofilmarchivs der deutschsprachigen Presse einerseits in der Zeitschriftendatenbank zu führen und andererseits ergänzend periodisch Sonderkataloge

[4] Vgl. Mikrofilm-Archiv der deutschsprachigen Presse. Microfilm Archives of the German Language Press. Bestandsverzeichnis. Catalogue. 6., Dortmund 1982. – Während der Drucklegung dieses Sonderheftes erschien die schon länger geplante aktualisierte 7. Auflage (Herbst 1987), die wegen des früher liegenden Redaktionstermins nicht die zahlreichen Verfilmungen berücksichtigen konnte, die im Rahmen des 1986 neu aufgelegten Programms der Forschungsgemeinschaft gefördert wurden.

[5] Das Mikrofilmarchiv erfaßt die deutsche Presse, d.h. im Regelfall deutschsprachige Titel, diese aber auch, sofern sie außerhalb des ehemaligen Reichsgebiets oder des heutigen Gebiets der Bundesrepublik Deutschland erschienen sind bzw. erscheinen. In einigen wenigen Fällen sind auch fremdsprachige Publikationen mit einbezogen, etwa dann, wenn während der napoleonischen Besetzung französischsprachige Titel erschienen sind. Bei den Titeln der Association pour la Conservation et la Reproduction Photographique de la Presse in Paris und der British Newspaper Library, die in das Bestandsverzeichnis des Mikrofilmarchivs aufgenommen worden sind, handelt es sich nicht um deren gesamten Verfilmungsbestand, sondern nur um die im oben geschilderten Sinne deutschsprachigen Titel.

als Ausdrucke aus der Zeitschriftendatenbank zu publizieren. Stellt man dabei in Rechnung, daß einzelne Bibliotheken ohnehin bereits in der Vergangenheit ihre Zeitungsoriginale *und* -mikroformen an die Zeitschriftendatenbank gemeldet haben,[6] den Nachweis kontinuierlich dort führen und von Zeit zu Zeit Ausdrucke ihrer eigenen Bestandsverzeichnisse aus der Zeitschriftendatenbank vornehmen, um diese den Benutzern zur Verfügung zu stellen, so sollten vor allem die überregionalen Sammelschwerpunkte wie das Mikrofilmarchiv der deutschsprachigen Presse sowie das Standortverzeichnis Ausländischer Zeitungen und Illustrierten in Bibliotheken und Institutionen der Bundesrepublik Deutschland und Berlin (West) bei der Staatsbibliothek Preußischer Kulturbesitz Berlin und der Standortkatalog der deutschsprachigen Presse bei der Staats- und Universitätsbibliothek Bremen ihre Zeitungsbestandsnachweise künftig in der Zeitschriftendatenbank führen.[7] Um so mehr gilt dies, als das Verzeichnis von Hagelweide[8] zwar nicht veraltet ist, so doch zumindest nicht mehr als ganz aktuell anzusehen ist[9] und vor allem Originalzeitungen, die im überregionalen Leihverkehr kaum zur Verfügung gestellt werden können, und nur zu einem geringen Anteil Mikrofilme nachweist.

Kommt dem Mikrofilmarchiv der deutschsprachigen Presse in Dortmund die Funktion eines noch weiter wachsenden Zentralregisters für Zeitungsmikrofilme zu, so sind im Hinblick auf die Sammelschwerpunkte von Zeitungen, vor allem von Mikrofilmen, weitere Institutionen von Bedeutung. Eine dieser Institutionen, die Zeitungen systematisch sammelt und größtenteils unter dem Gesichtspunkt der archivischen Sicherung auch verfilmt, ist für Zeitungen aus der Bundesrepublik Deutschland die Deutsche Bibliothek in Frankfurt am Main, freilich mit der Einschränkung, daß sich der gesetzliche Sammelauftrag allgemein auf die Zeit *nach* 1945 bezieht.[10]

[6] Vgl. Klaus Schreiber, Die Verbesserung des Nachweises von Zeitungsoriginalen und -mikroformen für die Zwecke des Leihverkehrs mit Hilfe der Zeitschriftendatenbank (ZDB), in: Zeitungen in Bibliotheken (wie Anm. 1), S. 259–270.

[7] Die Verfilmungen der Staats- und Universitätsbibliothek Bremen waren in die Bestandsverzeichnissen 1–5 des Mikrofilmarchivs und sind auch in die 7. Ausgabe einbezogen. Der verfilmte Bestand der Deutschen Bibliothek in Frankfurt ist Teil des Mikrofilmarchivbestandsverzeichnisses, das ingesamt charakterisiert werden kann als eine Zusammenfassung der bei den Mitgliedern des Mikrofilmarchivs einerseits und bei der Zentrale des Mikrofilmarchivs andererseits liegenden Originalmikrofilme.

[8] Gert Hagelweide, Deutsche Zeitungsbestände in Bibliotheken und Archiven. German newspapers in libraries and archives. Düsseldorf, 372 S. (Bibliographien zur Geschichte des Parlamentarismus und der politischen Parteien H. 6).

[9] Wie Anm. 6, S. 259.

[10] Dazu vgl. Berthold Picard, Mikroverfilmte Zeitungen in der Deutschen Bibliothek mit Anhang: Ausschreibungstext der Deutschen Bibliothek, in: Zeitungen in Bibliotheken (wie Anm. 1), S. 51–62.

Einen weiteren Sammelschwerpunkt stellt das von der Deutschen Forschungsgemeinschaft geförderte Sammelgebiet Ausländische Zeitungen und Illustrierte bei der Staatsbibliothek Preußischer Kulturbesitz in Berlin dar, wo Zeitungen ausländischer Provenienz gesammelt und der überregionalen Literaturversorgung teils durch Kopien, teils durch Mikrofilme zur Verfügung gestellt werden[11]. Zu diesen ausländischen Zeitungen zählen im engeren Sinne Zeitungen für bestimmte Leserkreise, sofern ihr Inhalt aus Nachrichten von öffentlichem, allgemeinem Interesse besteht, sowie Zeitungen ethnischer, d.h. auch deutscher Minderheiten im Ausland,[12] ferner insbesondere Zeitungen von Emigranten und schließlich Wochenblätter mit universellem und aktuellem Inhalt[13]. Die Zeitungen des Sammelschwerpunktes werden nachgewiesen im Standortverzeichnis Ausländischer Zeitungen und Illustrierten in Bibliotheken und Institutionen der Bundesrepublik Deutschland und Berlin (West) (SAZI)[14].

Neben den genannten Institutionen und ihren Aktivitäten haben die Verfilmungsvorhaben der Archive erhebliche Bedeutung. Hier wurde jedoch, gleich, ob es sich um ein Vorhaben eines einzelnen Archivs oder mehrerer Archive auf regionaler und nicht zuletzt überregionaler Ebene handelt, der Akzent deutlich eher auf den archivischen Zweck, d.h. auf die Erstellung eines Sicherungsfilms gelegt. Wie bei anderen Archivalien wurde die Verfilmung von Zeitungen vorrangig unter dem Gesichtspunkt der Sicherung dieser historischen Quellen betrieben. Gilt dies für die Einzelunternehmungen einzelner Archive, so hat diese Zielsetzung besondere, um nicht zu sagen herausragende Bedeutung bei dem Programm der Bundesregierung,[15] das die Verfilmung von Archivalien im Sinne der Sicherung national schutzwürdigen Kulturgutes zum Ziele hat. Bisher sind viele Archivalien wie Urkunden und Akten, Verträge und staatliche

[11] Vgl. Willi Höfig, Die leidige Ephemere. Das Sondersammelgebiet Ausländische Zeitungen an der Staatsbibliothek Preußischer Kulturbesitz Berlin, in: Zeitungen in Bibliotheken (wie Anm. 1), S. 84–103.

[12] Mitglied des Mikrofilmarchivs der deutschsprachigen Presse ist z. B. auch das Institut für Auslandsbeziehungen in Stuttgart, die frühere Bibliothek des Vereins für das Deutschtum im Ausland.

[13] Vgl. Willi Höfig, Über die Bedeutung des Mikrofilms für die Sammlung und Benutzung ausländischer Zeitungen. Das Sondersammelgebiet „Ausländische Zeitungen" an der Staatsbibliothek Preußischer Kulturbesitz Berlin, in: Mikrofilm-Archiv der deutschsprachigen Presse (wie Anm. 4), S. 37–46, hier S. 37.

[14] Zuletzt erschienen 1975; vgl. Standortverzeichnis ausländischer Zeitungen und Illustrierten in Bibliotheken und Instituten der Bundesrepublik Deutschland und Berlin (West). SAZI, bearb. v. Martin Winckler, Pullach/München 1975, 334 S.

[15] Vgl. dazu Schutz von Kulturgut bei bewaffneten Konflikten, hrsg. v. Bundesamt für Zivilschutz, Bonn-Bad Godesberg 1973; zur Sicherungsverfilmung von Archivalien vgl. Hermann Bannasch, Gabriele Usarski und Dietrich Hofmaier, Kulturgutschutz durch Sicherheitsverfilmung. Zum Stand der Archivalienverfilmung in der Bundesrepublik im Rahmen der allgemeinen Schutzbestimmungen der Haager Konventionen, in: Der Archivar 37 (1984), Sp. 179–188 (mit weiteren Literaturhinweisen zur Sicherungsverfilmung).

Dokumente und anderes mehr verfilmt und in einen Bunker in der Nähe Freiburgs gebracht worden. Keine Berücksichtigung, sieht man von ganz wenigen Ausnahmen ab[16], fand bisher jedoch in diesem Rahmen die Verfilmung von Literatur und anderen publizierten Dokumenten, die in Bibliotheken überliefert sind; daß diese Dokumente und Quellen gleichfalls zum national schutzwürdigen Kulturgut zu zählen sind und dennoch in dem Programm der Bundesregierung bislang keine Berücksichtigung gefunden haben, hat in der Öffentlichkeit zu Diskussionen und zuweilen auch heftiger Kritik geführt[17]. Wenn Zeitungen innerhalb der Verfilmung national schutzwürdiger Kulturgüter doch verfilmt wurden, so geschah dies nicht unter dem Gesichtspunkt der Benutzung in Forschung, Lehre und sonstigem kulturellen Interesse, sondern einzig unter dem Gesichtspunkt der Sicherung. Es wäre aber zu überlegen, nicht zuletzt unter Berücksichtigung finanziell-ökonomischer Gesichtspunkte, durch die interessierten Institutionen von bereits vorhandenen Sicherungsfilmen Kopien ziehen zu lassen, um auf diese Weise die Kosten für die erneute und unabhängige Verfilmung einzusparen oder wenigstens zu mindern.[18]

Freilich ist dies ein Gebot, das grundsätzlicher Natur ist, aber generell für alle Verfilmungen von Zeitungen in der Bundesrepublik Deutschland Gültigkeit besitzt. Dabei ist es nicht vorrangig von Bedeutung, ob die Zeitung X oder Y

[16] Dazu zählen wenige Zeitungen, die als Bestand von Archiven zur Sicherungsverfilmung vorgesehen waren.

[17] Für die öffentliche Diskussion dieses Punktes mag in gewisser Weise von Interesse sein das Ergebnis einer Umfrage, die das Institut für Demoskopie Allensbach im Auftrag der Merian-Redaktion für das Merian-Heft Freiburg (Juli 1986) durchgeführt hat. Dabei wurde einem repräsentativen Querschnitt der Bevölkerung folgende Frage vorgelegt: „Einmal angenommen, Sie könnten entscheiden, was in einem atomsicheren Bunker gelagert werden soll, damit es auf gar keinen Fall zerstört wird, was würden Sie wohl auswählen, was würden Sie für besonders wichtig halten?" Die Befragten antworteten wie folgt, wobei mehrfache Nennungen möglich waren: Bücher, Literatur (17%), Aufzeichnungen über die Geschichte (der Menschheit, Deutschlands), Gegenstände von historischem Wert (14%), Gemälde, Bilder (13%), wissenschaftliche Erkenntnisse (11%), darunter Technik, Erfindungen (6%), allgemein Kunstwerke (10%), (Staats-) Dokumente, Urkunden, Verträge (10%), allgemein Kulturgut (7%), Kompositionen, Partituren, Noten, Musik (4%), Lebensmittel, Notvorräte (4%), Photos, Filmaufnahmen (von Natur, Städten, Menschen) (4%), Gold, Schmuck, Wertgegenstände (3%), Museumsgegenstände, Antiquitäten (3%), Medikamente, Arzneien (2%), Rentenunterlagen, Melderegister und andere Unterlagen der Administration (2%), Musikaufnahmen, Schallplatten (1%), Samen (1%), Bunker sollen für Menschen, nicht für Dinge gebaut werden (8%), nach einem Atomkrieg nützt das sowieso keinem mehr (8%), nichts (7%), ist mir egal (2%), anderes (6%) und weiß nicht, keine konkreten Angaben (21%). Zur Diskussion in der Öffentlichkeit vgl. Jürgen Lodemann, Ein Fall von Dulidu. Anmerkung zu einer Kultur-Tat oberhalb Freiburgs und zur Aktualität einer „Fledermaus"-Arie, in: Merian-Heft Freiburg (Juli 1986), S. 68–74.

[18] Als Verfahren wäre bei der Sicherheitsverfilmung im Rahmen des Kulturgutschutzes vorstellbar, daß für archivalische und bibliothekarische Zwecke vom Silberfilmoriginal ein Silberduplikatfilm gezogen wird. Das ist für das Original unschädlich, gibt aber die Möglichkeit, gute Duplikatfilme für die Benutzung (Diazo) zu ziehen, ohne die im Bunker lagernden Stücke dafür zu verwenden.

sich in einem Archiv oder einer Bibliothek befindet; entscheidend ist vielmehr die Kooperation auf lokaler, regionaler und überregionaler Ebene.[19] Dies setzt voraus, daß die Normen und Standards für die Verfilmung von Zeitungen allgemeine Anwendung finden. Hatte für die Archive bereits die Konferenz der Archivreferenten „Grundsätze und Empfehlungen für die Verfilmung von Zeitungen" entwickelt[20], so bietet vor allem die DIN-Norm 19057 Richtlinien und Rahmenbedingungen für einzelne Vorhaben.[21] Stellt die Anerkennung der allgemeinen Normen schon einen wichtigen Schritt dar, so sollte auch die Meldung der Verfilmungen, möglichst in allgemein zugänglichen Nachweisinstrumenten, als Konsequenz folgen.

[19] Von besonderer Bedeutung ist auch in diesem Rahmen der genaue Nachweis von vorhandenen Zeitungsverfilmungen, damit die Aktivitäten von Bibliotheken und Archiven koordiniert werden können. – Daß dabei auch urheberrechtliche Fragen auftauchen und berücksichtigt werden müssen, zeigt Wilbert Ubbens, Möglichkeiten und Grenzen der kooperativen Mikroverfilmung von Zeitungen in der Bundesrepublik Deutschland angesichts der urheberrechtlichen Lage, in: Mikrofilm-Archiv der deutschsprachigen Presse (wie Anm. 4), S. 27–33 auf.

[20] Die in der Archivreferentenkonferenz vertretenen Archivverwaltungen des Bundes und der Länder haben im Jahre 1981 beschlossen, wichtige Zeitungsbestände in die Sicherungsverfilmung einzubeziehen. Für diese Entscheidung spielte eine wesentliche Rolle, daß hohe Verluste aus den 30er und 40er Jahren dieses Jahrhunderts den Wert von Zeitungen als einer wichtigen Ersatz- und Ergänzungsüberlieferung zum Aktenschriftgut deutlich betont haben. Nur selten, so wurde dabei festgestellt, sind heute bei einer Vielzahl von regionalen Zeitungen des 19. und 20. Jahrhunderts an einem Ort geschlossene Serien vorhanden, so daß die Forschung mit erheblichen Hindernissen zu rechnen hat, wenn sie sich älteren Zeitungen als historischen Quellen zuwendet. In die Sicherungsverfilmung werden gemäß der Dringlichkeitsstufe 1 Zeitungen aufgenommen, wenn sie als wichtiger Ersatz und Ergänzungsüberlieferung eines Archivs gelten, Unikate Serien sind und noch nicht auf Film verbreitet oder andernorts gesichert sind. Zur Klärung der Unikatsfrage wird empfohlen, beim Standortkatalog der Deutschen Presse bei der Staats- und Universitätsbibliothek Bremen sowie bei den Regionalkatalogen anzufragen, und als Clearingstelle soll das Mikrofilmarchiv der deutschsprachigen Presse in Dortmund eingeschaltet werden.

[21] DIN 19057 „Verfilmung von Zeitungen, Aufnahmen auf Film 35mm", Deutsches Institut für Normung e.V. Berlin, Beuth-Verlag (über den Buchhandel beziehbar); dazu vgl. Willi Peters, Mikroverfilmung von Zeitungen. Von den Verfilmungsrichtlinien des Mikrofilmarchivs zur nationalen und internationalen Normung, in: Mikrofilm-Archiv der deutschsprachigen Presse (wie Anm. 4), S. 34–36.

Ein früheres Programm der Deutschen Forschungsgemeinschaft (1978–1982)

Die Aktivitäten der einzelnen Institutionen und ihrer Träger sind, unabhängig von der jeweiligen Zielsetzung, als vielfältig anzusehen. Sie waren und sind meist bestimmt von den Interessen der Zielgruppen (Benutzer) einzelner Bibliotheken, Archive und anderer Institutionen. Unabhängig davon und gleichzeitig ergänzend hat sich die Deutsche Forschungsgemeinschaft bereits zu einem früheren Zeitpunkt aus überregionalem wissenschaftlichen Interesse der Forschung der Zeitungen als wichtiger historischer Quellen angenommen. Am Anfang der Zeitungsförderung durch die Deutsche Forschungsgemeinschaft stand schon in den 50er Jahren die Herstellung des heutigen Standortkatalogs der deutschen Presse in Bremen. Projektleiter und Auftragnehmer war damals der Direktor der Staatsbibliothek Bremen, Dr. Hans Jessen, der bereits in den vorausgegangenen Jahrzehnten als Zeitungsbibliothekar an der Preußischen Staatsbibliothek in Berlin tätig war und sich mit bibliographischen und auch Verfilmungsvorhaben bereits vor 1945 beschäftigt hatte. Der Bremer Katalog hatte die Aufgabe, nicht nur einen kompletten Nachweis der vorhandenen Zeitungsbestände zu liefern, wobei an Originale gedacht war, sondern zugleich die Basis für eine komplette Zeitungsbibliographie zu bieten. War dabei die letztere Forderung nicht erreichbar bzw. zu einem Abschluß zu bringen, so gelang dies gleichsam auf einem Nebenwege durch ein weiteres, die bisherigen Aktivitäten aufnehmendes, korrigierendes und vor allem ergänzendes Projekt, nämlich mit der Erstellung eines Verzeichnisses deutscher Zeitungsbestände in Bibliotheken und Archiven, das von Gert Hagelweide bearbeitet und mit finanziellen Mitteln der Deutschen Forschungsgemeinschaft unterstützt wurde (Projektbeginn 1965).[22] Nachdem das Verzeichnis 1974 publiziert wurde und damit ein erster Überblick über Bestände in Bibliotheken und Archiven vermittelt werden konnte, hat die Forschungsgemeinschaft einige Jahre später das Interesse und die Nachfragen aus dem wissenschaftlichen Bereich aufgenommen und im Jahre 1978 ein Programm zur Erhaltung und Verfilmung von historischen Zeitungen eingerichtet.[23] In diesem Programm wurden vor allem Bibliotheken unterstützt, historisch wertvolle Zeitungsbestände durch Reparatur der Originale und/oder durch Verfilmung zu erhalten. Bei der Planung und der Durchführung des Programms wurden von Anfang an die Aktivitäten des

[22] Wie Anm. 8.

[23] Vgl. Dieter Oertel, Erhaltung und Verfilmung von Zeitungen, in: ZfBB 25 (1978) S. 434f.

Mikrofilmarchivs der deutschsprachigen Presse in Dortmund berücksichtigt, ebenso auch eigene frühere Förderungsmaßnahmen der Deutschen Forschungsgemeinschaft wie z. B. zugunsten der Exilpresse 1933 bis 1945 oder der Presse von 1848 bis 1849. Das Programm wandte sich schwerpunktmäßig regionalen deutschen Zeitungen zu, soweit sie vor 1950 erschienen waren. Die Bedingung dieser Zeitgrenze stand in einem engen Zusammenhang mit dem Gründungsdatum der Deutschen Bibliothek in Frankfurt im Jahre 1949. Von dem im Jahre 1986 neu aufgelegten und weiter unten beschriebenen Verfilmungsprogramm der Forschungsgemeinschaft unterschied sich das frühere Programm wesentlich dadurch, daß nicht nur die Verfilmung, sondern auch die Erhaltung von Zeitungen gefördert wurde. Ob dabei Reparatur oder Verfilmung oder beides erfolgte, war vom Erhaltungszustand und der Benutzungsfrequenz unter Abwägung der Kosten im Einzelfall zu entscheiden. Gemäß den Grundsätzen wurde angestrebt, jeweils ein Exemplar der betreffenden Zeitung im Original zu erhalten, und zwar vorzugsweise in der zuständigen Pflichtexemplarbibliothek. Ausschlaggebende Kriterien waren jedoch Vollständigkeit und Erhaltungszustand des Exemplars. Das Original sollte in der Regel gebunden aufbewahrt, zugleich aber ein Film mit Benutzungskopie angefertigt werden. Bei der Reparatur von Zeitungen wurden die von der Bayerischen Staatsbibliothek München entwickelten Richtlinien,[24] bei der Verfilmung die Erfahrungen des Mikrofilmarchivs der deutschsprachigen Presse zugrunde gelegt. Priorität genossen Titel, die im Verzeichnis „Deutsche Zeitungsbestände in Archiven und Bibliotheken“ (Hagelweide) bzw. im Standortkatalog der deutschen Presse in Bremen als Unikate nachgewiesen sind. Eine Entscheidung, die auch für das neue Programm Gültigkeit besitzt.

Im Rahmen des Förderungsprogramms wurden in der Zeit zwischen 1978 und 1982 folgende Institutionen unterstützt, wobei die in der nachfolgenden Aufstellung[25] verzeichneten Verfilmungsprojekte auch in die Bestandsverzeichnisse des Mikrofilmarchivs der deutschsprachigen Presse aufgenommen wurden.[26]

[24] Bindeanweisung der Bayerischen Staatsbibliothek München vom 1. Januar 1978. München 1978.

[25] Die Titel der Zeitungen sind in bewußt einfacher Form und ohne Anspruch auf eine vollständige bibliographische Beschreibung im Sinne einer kompletten Titelaufnahme aufgeführt. Lediglich wurde bei den unspezifischen Titeln ohne Nennung der Provenienz der Zeitung im Titel, soweit dies ohne größere Recherchen möglich war, der Erscheinungsort zur besseren Identifizierung angegeben.

[26] In das Verzeichnis der 6. Auflage von 1982 (Mikrofilmarchiv der deutschsprachigen Presse, wie Anm. 4, S. 184–186) konnten Verfilmungen, die zur Zeit der Drucklegung dieser Auflage noch im Gange waren, nicht aufgenommen werden, doch sind sie in die gerade erschienene 7. Auflage (vgl. auch Anm. 4) eingearbeitet.

Baden-Baden (Stadtbibliothek)
Badener Tagblatt 1896–1945
Verzeichnis der zu Baden im baden-badischen anwesenden Kurgäste im Sommer ... 1807. 1812–1814. 1817–1828. 1831–1941

Bielefeld (Stadtarchiv und Landesgeschichtliche Bibliothek)
Bielefelder Generalanzeiger 1900–1945
Bielefelder Volkszeitung 1902–1909
Freie Presse. Bielefeld 1946–1950
Journal der Distrikte Minden, Bielefeld und Rinteln 1809–1810
Neue Westfälische Volkszeitung. Bielefeld, Herford 1877–1921
NS-Volksblatt für Westfalen. Bielefeld, Detmold, Minden 1933–1935
Öffentliche Anzeigen des Distrikts Bielefeld 1811–1950
Der Turm. Bielefeld 1920–1934
Volks-Echo. Bielefeld 1946–1950
Volkswacht Bielefeld 1890–1933
Der Wächter. Bielefeld 1864–1902
Westfälischer Beobachter. Bottrop 1930–1934

Bochum (Stadtarchiv)
Bochumer Zeitung. Märkischer Sprecher 1928–1930
Westfälische Volkszeitung. Bochum 1872–1941

Düsseldorf (Universitätsbibliothek)[27]
Allgemeine Sonntagszeitung. Düsseldorf, Würzburg 1959–1960
Aufwärts. Düsseldorf 1920–1926
Benrather Tageblatt 1913–1972
Benrather Zeitung 1911–1922
Bürgermeistereiblatt. Düsseldorf 1850–1871
Düsseldorfer Volkszeitung 1871–1892
Courier du Bas-Rhin. Clèves (Kleve) 1769–1785. 1791–1797
Deutsche Bergwerkszeitung. Essen, Düsseldorf 1927–1944
Deutsche Kriegszeitung. Berlin 1914–1918
Deutsche Wirtschafts-Zeitung. Berlin 1950–1911. 1932–1939
Die Deutsche Zukunft. Düsseldorf 1952–1957
Dorf-Chronik und Grafschafter. Fild, Moers 1854–1858. 1863. 1867. 1875
Der Grafschafter. Moers 1914–1918

[27] Vgl. auch Universitätsbibliothek Düsseldorf. Zeitungen und zeitungsähnliche Periodika. Verzeichnis der Original- und Mikrofilmbestände, Düsseldorf 1986 (Schriften der Universitätsbibliothek Düsseldorf 1).

Düsseldorf-Gerresheimer Zeitung 1911–1913
Düsseldorfer Anzeiger 1857–1893
Düsseldorfer Bürger-Zeitung 1892
Bürger-Zeitung. Düsseldorfer Abend-Zeitung 1892–1901
Düsseldorfer Freie Presse 1918–1922
Düsseldorfer General-Anzeiger 1906–1917
Düsseldorfer Gerichts-Zeitung 1905–1909
Rheinisch-Westfälische Gerichtszeitung. Köln 1909–1915
Düsseldorfer Kreisblatt und Täglicher Anzeiger 1841. 1843–1848
Düsseldorfer Journal und Kreisblatt 1848–1860
Niederrheinische Volks-Zeitung. Düsseldorf 1860–1862
Rheinische Zeitung. Düsseldorf 1863–1867
Düsseldorfer Lokalzeitung 1906–1937
Düsseldorfer Morgenpost 1920
Westdeutsche Zeitung. Düsseldorfer Nachrichten 1920–1922
Düsseldorfer Neueste Nachrichten 1896–1911
Düsseldorfer Sonntagsblatt 1868–1869, 1871
Düsseldorfer Volksblatt 1871–1904
Düsseldorfer Tageblatt 1904–1941
Düsseldorfer Stadt-Anzeiger 1926–1933
Düsseldorfer Zeitung 1824–1827. 1829–1880. 1893–1926
Der Fortschritt. Düsseldorf 1951–1960
Deutsche Allgemeine Zeitung. Düsseldorf 1960–1961
Frankfurter Zeitung und Handelsblatt 1914–1915. 1918. 1927–1943
Freiheit. Düsseldorf 1921–1933. 1946–1948
Gazette de France. Paris 1807–1817
Geldern'sche Zeitung. 1870. 1881. 1886–1889. 1891–1912. 1914–1919
Grevenbroicher Zeitung 1913–1925
Der Gewerkschaftsvereinsbote. Düsseldorf 1901–1905
Westdeutsche Arbeiterpost. Düsseldorf 1907
Düsseldorfer Post 1907–1912
Westdeutsche Post. Düsseldorf 1912
Handelsblatt. Düsseldorf 1946 ff.
Handwerks-Zeitung. Hagen, Dortmund 1950–1970
Illustrierte Zeitung. Leipzig, Berlin 1843–1873. 1874. 1880–1884. 1885–1886. 1888–1899. 1901–1906. 1908–1919. 1931–1933. 1935. 1937
Industriekurier. Düsseldorf 1948–1970
Jülich-Bergische wöchentliche Nachrichten 1796–1826
Kölnische Zeitung 1814–1820. 1823–1824. 1829–1831. 1844. 1848–1871. 1892–1893. 1896–1945

Königlich Preußischer Staatsanzeiger. Berlin 1851–1871
Deutscher Reichsanzeiger und Königlich Preußischer Staatsanzeiger. Berlin 1871–1944
Der Mittag. Düsseldorf 1920–1944. 1949–1967
Der Mittag. Spätausgabe. Düsseldorf 1953–1964
Gazette Nationale ou le Moniteur Universel. Paris 1806–1810
Le Moniteur Universel. Paris 1811–1838
Neue Rheinische Zeitung für Düsseldorf, Bergisches Land, Niederrhein 1945–1946
Die Neue Zeitung. Düsseldorf 1947–1951
Allgemeine Zeitung. Stuttgart, Ulm, Augsburg, München 1800–1887
Neuß-Grevenbroicher Zeitung 1913–1918
Neußer Intelligenzblatt 1834–1836. 1838–1839. 1844–1847
Neußer Handels- und Intelligenzblatt 1848
Neußer Kreis-, Handels- und Intelligenzblatt 1851–1868
Neußer Zeitung 1870–1899, 1903–1924
Der Niederrheinische Bote. Düsseldorf 1922. 1924
Der Führer. Düsseldorf 1925–1933
Niederrheinische Volkstribüne. Düsseldorf 1892–1901
Düsseldorfer Volkszeitung 1901–1902
Volkszeitung. Düsseldorf 1903–1933
Niederrheinische Wacht. Düsseldorf 1912–1914
Niederrheinischer Beobachter. Düsseldorf 1821. 1824. 1825–1828
Ratinger Zeitung 1913–1940
Rhein- und Ruhrzeitung. Essen, Herne 1843–1941
Rhein-Echo. Düsseldorf 1946–1951
Westdeutsche Neue Presse. Düsseldorf 1952–1953
Neue Presse. Düsseldorf 1953–1954
Neue Rhein-Zeitung. Düsseldorf 1954ff.
Rheinisch-Westfälische Frauenzeitung. Düsseldorf 1906–1908
Neue Deutsche Frauenzeitung. Düsseldorf 1908–1918
Der Bürger. Düsseldorf 1919–1922
Rheinisch-Westfälische Zeitung. Essen, Dortmund 1905–1921
Rheinische Illustrierte. Düsseldorf 1927–1930
Rheinische Post. Düsseldorf 1946ff.
Rheinischer Merkur. Koblenz, Bonn 1814–1815. 1946ff.
Rivarol. Paris 1953–1957
Ruhr-Wort. Essen 1959–1972
Der Standpunkt. Meran, Bozen 1948–1957
Vereinigte Dreistädte-Zeitung. Viersen 1924–1941

Dreistädte-Zeitung. Viersen 1950–1954
Die Volksparole. Krefeld, Düsseldorf 1930–1935
Rheinische Landeszeitung. Düsseldorf 1935–1945
Die Volksstimme. Düsseldorf 1848–1849
Westdeutsche Rundschau. Wuppertal 1947–1971
General-Anzeiger. Westdeutsche Rundschau. Wuppertal 1971–1976
Westdeutsche Wirtschafts-Zeitung. Köln 1925–1939
Westdeutsche Zeitung. Barmen 1894–1900
Der Westfälische Anzeiger. Dortmund, Dorsten 1802–1803. 1805. 1807. 1810–1811
Rheinisch-Westfälischer Anzeiger. Dortmund, Hamm 1820–1828
Der Sprecher oder Rheinisch-Westfälischer Anzeiger. Hamm, Wesel 1831–1835. 1841–1846. 1850–1851, 1853–1854. 1858. 1861–1863. 1865. 1868
Werkmeisterzeitung. Düsseldorf, Duisburg 1907–1920
Deutsche Werkmeister-Zeitung. Düsseldorf 1920–1933
Der Deutsche Werkmeister. Düsseldorf 1933–1934
Wochenspiegel. Düsseldorf 1924–1926
Wöchentliche Duisburgische auf das Interesse der Commercien der Clevischen, Geldrischen, Moers- und Märckischen, auch umliegenden Landes Orten eingerichtete Addresse- und Intelligentz-Zettel 1734–1744. 1748–1767
Wöchentliche Duisburgische Anzeigen 1768–1769

Erlangen (Universitätsbibliothek)
Deutsche Tageszeitung 1914–1934
Fränkische Nachrichten. Erlangen 1884–1922
Erlanger Neueste Nachrichten 1922–1945
Leipziger Zeitung 1810–1934

Frankfurt (Stadt- und Universitätsbibliothek)
L'Alsace. Mulhouse 1869–1870
L'Alsacien 1871–1872
L'Alsacien-Lorrain 1880–1903
Bote aus der Heimat. Straßburg 1892
Courrier Alsacien-Lorrain 1904–1906
Echo von Elsaß-Lothringen 1885–1886
Der Elsässer 1885–1918
Elsässer Anzeiger 1876–1880
Elsässer Journal. Straßburg 1873–1913
Elsässer Volksblatt für Stadt und Land 1868–1882
Elsässer Volksbote. Straßburg 1869–1870

Der Elsaß-Lothringer 1913–1914
Elsaß-Lothringer Morgenblatt 1901–1904
Express 1879–1883
Freie Presse für Elsaß-Lothringen 1917–1936. 1938
Industriel Alsacien 1872–1877
Journal de Colmar 1869–1870
Kreuzzeitung für Elsaß-Lothringen 1884–1885
Das Neue Straßburg 1875
Niederrheinischer Kurier. Straßburg 1870. 1872–1874
Presse von Elsaß-Lothringen 1880–1881
Der Souveräne Wahlmann 1870
Straßburger Tageblatt 1872. 1901–1905
Straßburger Wochenblatt 1899–1904
Straßburger Zeitung – Amtliche Nachrichten 1870–1889
Union Elsaß-Lothringen 1880–1884
Zaberner Tageblatt 1912–1914

Freiburg (Universitätsbibliothek)
Freiburger Zeitung 1793–1943

Fulda (Hessische Landesbibliothek)
Fuldaer Zeitung 1874–1945
Fuldaische Politische Zeitung 1831–1832
Fuldaische Wöchentliche Polizei- und Kommerzienanzeigen 1765–1922

Iserlohn (Stadtarchiv)
Öffentlicher Anzeiger für die Grafschaft Limburg 1842–1945. 1949–1950

Konstanz (Stadtarchiv)
Konstanzer Intelligenzblatt 1817
Konstanzer politische Zeitung 1821–1829
Konstanzer Zeitung 1829–1849. 1933–1934
Konstanzer Tagblatt 1873–1875
Konstanzer Wochenblatt 1832–1833
Seeblätter 1844. 1847–1848
Der Tagesherold. Konstanz 1847–1848
Der Volks-Freund. Konstanz 1795. 1809

Lübeck (Bibliothek der Hansestadt Lübeck)
Deutsches Bürgerblatt. Siegen 1848

Eisenbahn-Zeitung. Hamburg 1865–1923
Lübecker Beobachter 1929–1933
Lübecker Bürgerfreund 1843–1865
Lübecker General-Anzeiger 1890–1942
Lübeckische Anzeigen 1751–1933
Vaterstädtische Blätter 1896–1933
Von Lübecks Thürmen 1891

Marburg (Universitätsbibliothek)
Annoncen-Blatt der Stadt Marburg 1887
General-Anzeiger für Marburg und Umgebung 1887–1888
Hessisches Tagesblatt. Kassel 1925–1933
Marburger Tagesblatt 1890–1896
Marburger Tagesblatt für Stadt und Land 1874–1866
Marburger Wochenblatt 1896
Oberhessischer Anzeiger. Marburg 1866–1945
Der Reichs-Herold/Deutsche Zeitung 1894–1898

München (Bayerische Staatsbibliothek)
Münchener Post 1889–1933

Stuttgart (Institut für Auslandsbeziehungen)
Abwehr. Warnsdorf 1926–1938
Agnethler Wochenblatt. Agnetheln 1922–1923
Angestellten-Zeitung. Teplitz-Schönau 1921–1924
Arader Zeitung 1921–1943
Arbeiterpolitik. Prag 1929–1930
Arbeiterzeitung. Temeswar 1926–1930
Argus. Bukarest 1922–1932
Ascher Zeitung 1929–1938
Aussiger Tagblatt 1928–1938
Banater Bauernblatt. Temeswar 1921–1922
Banater Bote. Temeswar 1929–1930
Banater Deutsche Zeitung. Temeswar 1925–1944
Banater Tagblatt. Temeswar 1920–1938
Banater Volksblatt. Lovrin 1926–1928
Bessarabischer Beobachter 1932–1934
Bistritzer Deutsche Zeitung 1920–1941
Bogsaner Zeitung 1930–1932
Brenndorfer Nachrichten 1929–1937

Brünner Montagsblatt 1921–1929
Brünner Tagblatt 1926–1928. 1942
Brünner Tagespost 1923–1930
Bürgerzeitung. Perijamos 1933–1942
Bukarester Deutsche Tagespost 1924–1925
Bukarester Lloyd 1923–1924
Bundesbote. Teplitz-Schönau 1930
BZ am Abend. Preßburg 1924
Czernowitzer Morgenblatt 1921–1928
Czernowitzer Sonn- und Montagszeitung 1930
Dacia. Temeswar 1939–1940
Dettaer Zeitung 1921–1939
Deutsche Beskidenzeitung. Friedek 1934–1937
Der Deutsche Bote. Klattau 1942
Deutsche Grenzstimmen. Tachau 1938
Deutsche Grenzwacht. Landskron 1922–1924
Deutsche Landheimat. Leitmeritz 1928–1931
Deutsche Landpost. Böhm.-Leipa 1923
Deutsche Landpost. Prag 1923–1938
Deutsche Leipaer Zeitung 1938
Deutsche Nachrichten. Preßburg 1923–1925
Deutsche Post. Troppau 1923–1933
Deutsche Stimmen. Preßburg 1936–1943
Deutsche Tagespost. Hermannstadt 1919–1925
Deutsche Tageszeitung. Hermannstadt, Kronstadt 1934–1939
Deutsche Tageszeitung. Karlsbad 1938
Deutsche Volkspost. Temeswar 1935–1936
Deutsche Volkswehr. Friedek 1930–1933
Deutsche Volkszeitung. Brüx 1929–1937
Deutsche Volkszeitung. Czernowitz 1921–1922
Deutsche Volkszeitung f. d. Kuhländchen. Neu Titschein 1922–1938
Deutsche Volkszeitung. Saaz 1936–1938
Deutsche Wacht. Hohenstadt 1929–1934
Deutsche Westböhmische Stimmen. Plan 1928–1933
Deutsche Wehr. Eger 1930–1932
Deutsche Woche. Troppau 1938
Deutsche Zeitung. Gablonz 1933–1934
Deutsche Zeitung. Klausenberg 1924–1929
Deutsche Zeitung. Leitmeritz 1920
Deutsche Zeitung. Olmütz 1920–1933

Deutsche Zeitung. Preßburg 1922–1931
Deutsche Zeitung. Troppau 1921–1922
Deutsche Zeitung Bessarabiens. Tarutino 1919–1940
Deutscher Bote. Braunau 1922–1936
Deutscher Bote. Klausenburg 1924–1929
Deutscher Landbote. Karlsbad 1929–1938
Deutscher Landruf. Brünn 1923–1938
Deutscher Landruf. Eger 1925–1932
Deutscher Volksrat. Teschen 1919
Deutsches Agrarblatt. Prag 1920–1923
Deutsches Tageblatt für Westböhmen. Eger 1933
Deutsches Volksblatt. Czernowitz 1924–1925
Deutsches Volksblatt. Tarutino 1935–1940
Duxer Zeitung 1928–1938
Egerland. Eger 1928–1933
Eisenring. Temeswar 1924–1929
Extrapost. Temeswar 1937–1943
Freie Presse. Temeswar 1930
Der Freimütige 1915–1918
Freudenthaler Zeitung 1920–1921
Friedländer Zeitung 1938
Gablonzer Tagblatt 1936–1938
Gewerbe- und Handelszeitung. Prag 1930–1938
Gewerbliche Rundschau. Prag 1938
Graslitzer Grenzbote 1933
Grenzland-Zeitung. Grottau 1930–1938
Grenzpost. Zwittau 1929–1938
Groß-Kokler Bote. Schäßburg 1901–1939
Hatzfelder Volksblatt 1924–1930
Hatzfelder Zeitung 1920–1939
Heimat. Deutsches Wochenblatt. Czernowitz 1927–1931
Heimat Tagblatt. Saax 1928–1934
Heimatruf 1938
Der Holzarbeiter. Reichenberg 1921–1923
Hultschiner Zeitung 1938
Jägerndorfer Zeitung 1938
Jimboliaer Zeitung 1938
Karpatenpost. Kesmark 1920–1941
Kronstädter Zeitung 1916–1941
Landbote. Krumau 1928–1933

Der Landbote. Temeswar 1922–1938
Landskroner Zeitung 1924–1938
Leitmeritzer Nachrichten 1938
Leitmeritzer Zeitung 1922–1933
Lovriner Zeitung 1929–1933
Lugoscher Zeitung 1921–1934
Mährischer Grenzbote. Iglau 1930–1942
Mährisch-Schlesische Landeszeitung. Mährisch-Ostrau 1939–1943
Marienbader Zeitung 1928–1933. 1938
Mediascher Zeitung 1929–1942
Mieser Zeitung 1925–1928
Morgenzeitung. Mährisch-Ostrau 1923–1933
Neue Zeitung. Hermannstadt 1939–1942
Oravicaer Wochenblatt 1922–1939
Ostböhmens Deutscher Bote 1936–1938
Ostjüdische Zeitung. Czernowitz 1928–1932
Reichenberger Zeitung 1921–1938
Tagblatt Brüxer Volkszeitung 1938
Tagespost. Brünn 1930–1933
Westböhmische Rundschau 1929–1938

Stuttgart (Württembergische Landesbibliothek)
Der Beobachter 1839–1920
Deutsches Volksblatt. Stuttgart 1848–1935
Haller Tagblatt 1788–1939
Kornwestheimer Zeitung 1909–1944
Ludwigsburger Wochenblatt 1818–1949
Rems-Zeitung 1825–1936
Riedlinger Zeitung 1780–1945
Schwarzwälder Bote. Oberndorf 1835–1952
Stuttgarter NS-Kurier 1931–1945
Tauber-Zeitung 1799–1952
Wochenblatt für den Oberamtsbezirk Biberach 1759–1833

Das neue Förderungsprogramm der Deutschen Forschungsgemeinschaft. Entwicklung und Planung

Nachdem die Deutsche Forschungsgemeinschaft das frühere Programm wegen nachlassenden Interesses im Jahre 1982 ausgesetzt hatte, zeigte sich, daß das wissenschaftliche Interesse an Zeitungen als historisch-politische Quellen besonders unter dem Gesichtspunkt verstärkter regionalgeschichtlicher Forschungen bald wieder stieg und für diesen Bereich ein neuer Bedarf entstand. Die Forschungsgemeinschaft hat dieses wissenschaftliche Interesse erneut aufgegriffen und unter Berücksichtigung verschiedener Zielsetzungen des früheren Programms ein neues Programm eingerichtet, das sich nunmehr ausschließlich auf die Verfilmung von Zeitungen ausrichtet und an dem nicht nur Bibliotheken, sondern vor allem auch Archive und andere Institutionen partizipieren sollen zur Verbesserung der überregionalen Literaturversorgung.[28] Mit der Verfilmung soll nicht nur die Zugänglichkeit zu dieser Art regionalgeschichtlicher Quellen verbessert werden, sondern wiederum ein Beitrag zur Erhaltung der Originale geleistet werden, auch wenn die Erhaltung im Sinne der Reparatur in diesem Programm nicht gefördert wird. Da derzeit mehrere Aktivitäten an verschiedenen Orten zur Verfilmung historisch-politischer Zeitungen betrieben werden, war es von Anfang an im Interesse einer in jeder Hinsicht ökonomischen Planung des Programms, ein hohes Maß an Koordination und Kooperation auf mehreren Ebenen, d.h. im lokalen, regionalen und überregionalen Bereich, für das Programm anzustreben. Nicht zuletzt aus diesem Grunde nimmt auch im neuen Programm das Mikrofilmarchiv der deutschsprachigen Presse in Dortmund die Funktion einer „Clearingstelle“ ein. Diese Funktion bezieht sich freilich nicht erst auf die spätere Meldung von erfolgten Verfilmungen, sondern vor allem im Vorfeld von Projekten auf die Überprüfung der Frage, ob für den einen oder anderen Titel bereits Verfilmungen oder zumindest Teilverfilmungen in der Bundesrepublik Deutschland vorgenommen wurden oder bekannt sind. Stellt diese Aufgabe für das Mikrofilmarchiv eine eher überregionale Funktion dar, so ist es für die Planung einzelner Vorhaben sinnvoll, vor allem im lokalen und regionalen Bereich Abstimmungen zwischen

[28] Vgl. Joachim-Felix Leonhard, Erschließung von Quellen zur Bibliotheks- und Buchgeschichte sowie Verfilmung historisch wertvoller Zeitungen. Zwei neue Förderungsprogramme, in: ZfBB 33 (1986), S. 131–135; ders. (in leicht erweiterter Fassung der gleichen Themenstellung) in: Der Archivar 39 (1986), Sp. 333–342.

einzelnen Bibliotheken bzw. Bibliotheken und Archiven im Rahmen eines Projektes zu erzielen. Diese Abstimmungen reichen von der Information über Standorte einzelner Streubestände und der Komplettierung über gemeinsame Verfahren bei der Kollationierung bis hin zu einer möglichen gemeinsamen Organisation eines Projektes, d. h. gemeinsamer Antragstellung. Der bisherige Verlauf des Programms hat gezeigt, daß erst die Zusammenarbeit einzelner Institutionen untereinander, vor allem die zwischen Bibliotheken und Archiven, eine vom Zeit- und Kostenaufwand vernünftige Planung und Realisierung eines Vorhabens ermöglicht.

Für das Programm hat der Bibliotheksausschuß der Deutschen Forschungsgemeinschaft Grundsätze und Hinweise verabschiedet, die für die Antragstellung von Bedeutung sind, sowie einen Unterausschuß eingesetzt, dessen Hauptaufgabe die Bewertung und Begutachtung der einzelnen Projekte sowie die weitere Planung des Programms ist. Die einzelnen Vorhaben, vor allem die Anträge, werden nach den folgenden Grundsätzen bewertet:

Grundsätze für die Verfilmung historisch wertvoller Zeitungen

1. Gefördert wird nur die Verfilmung von deutschen Zeitungen, die nach Charakter, Inhalt und Verbreitungsgebiet als bedeutsame historisch-politische Quellen gelten können und vor 1950 erschienen sind.

2. Das Programm ist gedacht für Institutionen mit öffentlich-rechtlichem Charakter, in deren Besitz sich historische Zeitungen befinden (Bibliotheken, Archive, Museen etc.).

3. Bei der Bewilligung wird zur Auflage gemacht, jeweils eine Benutzungskopie (ggf. Diazokopie) der betreffenden Zeitung an die zuständige Pflichtexemplarbibliothek zu geben, sofern die antragstellende Institution nicht selbst am Leihverkehr teilnimmt. Ferner muß eine weitere Benutzungskopie hergestellt und an das Mikrofilmarchiv der deutschsprachigen Presse abgegeben werden.

4. Priorität genießen Titel, die im Verzeichnis „Deutsche Zeitungsbestände in Archiven und Bibliotheken“ (Hagelweide) bzw. im Standortkatalog der Deutschen Presse in Bremen oder in sonstigen (namentlich regionalen) Verzeichnissen als Unikate nachgewiesen sind.

5. Als Clearing-Stelle soll das Mikrofilmarchiv der deutschsprachigen Presse beim Institut für Zeitungsforschung in Dortmund dienen. Um der Gefahr von Doppel- und Mehrfachverfilmungen zu entgehen, soll eine enge Koordination über das Mikrofilmarchiv der deutschsprachigen Presse mit den an der Verfilmung interessierten Bibliotheken und Archiven auf Landesebene (Generaldirektionen, Landesverwaltungen sowie einzelnen Institutionen) erfolgen. Alle Verfilmungsvorhaben sind nach Dortmund zu melden.

6. Anträge auf Verfilmung von Zeitungen unterliegen der Begutachtung durch die Forschungsgemeinschaft; ob eine Verfilmung einer Zeitung erfolgen soll, läßt sich je nach Erhaltungszustand und Benutzungsfrequenz, nach Bedeutung und unter Abwägung der Kosten nur im Einzelfall entscheiden.

7. Die antragstellende Institution verpflichtet sich, daß

a) die betreffenden Filme (Silberfilme) auf Dauer ordnungsgemäß aufbewahrt werden,
b) eine Benutzungskopie (ggf. Diazofilm) für die Benutzung am Ort und über den Leihverkehr öffentlich zugänglich ist,
c) die notwendigen Lese- und Leserückvergrößerungsgeräte im eigenen Hause oder in erreichbarer Nähe zur Verfügung stehen.

8. Wenn die antragstellende Institution die unter 7 b) genannten Bedingungen nicht erfüllen kann, muß die Erfüllung der Bedingungen über eine regionale *und* am Leihverkehr teilnehmende Bibliothek erfolgen.

9. Die antragstellenden Institutionen sind verpflichtet, eine auf Kosten der Deutschen Forschungsgemeinschaft erstellte Benutzungskopie an das Mikrofilmarchiv der deutschsprachigen Presse in Dortmund zu senden und die durchgeführten Verfilmungen darüber hinaus an die Redaktionen der Fachzentralkataloge für Zeitungen zu melden (vgl. dazu unter Praktische Hinweise, Punkt 6).

10. Jeder Antrag muß enthalten:

a) eine Aussage zur wissenschaftlichen bzw. historisch-politischen Bedeutung der Zeitung; unter regionalen Gesichtspunkten wird empfohlen, zusätzlich eine Stellungnahme der nächstgelegenen wissenschaftlichen Institutionen (Archive bzw. Bibliotheken) einzuholen;
b) ein klares Mengengerüst mit der genauen Bezeichnung der Zeitung sowie den exakten Angaben zum Umfang der Bestände (Zeitspanne, Bände, Hochrechnung der Seitenzahlen auf der Basis einiger Bände);
c) Belege über die Zahl der insgesamt erhaltenen Exemplare mit entsprechenden Nachweisen (s. o. Punkt 4);
d) eine Bestätigung des Mikrofilmarchivs der deutschsprachigen Presse, daß dort von dem betreffenden Titel bisher entweder
   - kein Film existiert und
   - über anderweitige Verfilmungspläne nichts bekannt ist;
e) eine Angabe über die bei der Verfilmung entstehenden Kosten sowie eine Beschreibung der dabei anstehenden Maßnahmen organisatorischer Art;
f) Angaben über Eigenleistungen der antragstellenden Institutionen;
g) eine Erklärung, inwieweit die unter Punkt 7 erwähnten Voraussetzungen erfüllt sind und daß die Verfilmung nach diesen Grundsätzen erfolgen wird.

Individuelle Beratung vor der Antragstellung bieten das Mikrofilmarchiv beim Institut für Zeitungsforschung in Dortmund und die Zeitungskommission des Deutschen Bibliotheksinstitutes an.

11. Die Anträge sind an die Deutsche Forschungsgemeinschaft, Fachgruppe Wissenschaftliches Bibliothekswesen, zu richten. Für die Einreichung gibt es zur Zeit keine bestimmten Fristen oder Termine. Da absichtlich darauf verzichtet worden ist, zunächst den gesamten Bedarf zu ermitteln, und da der finanzielle Aufwand eine bestimmte Größenordnung nicht überschreiten soll, muß vorbehalten bleiben, unter einer größeren Anzahl von Anträgen unter sachlichen, zeitlichen und finanziellen Aspekten und auch unter Berücksichtigung anderer Verfilmungsprogramme sowie der Eigenleistung der antragstellenden Institution Prioritäten zu setzen.

Um die Antragstellung zu vereinheitlichen, aber vor allem auch für die antragstellenden Institutionen zu erleichtern, hat der Bibliotheksausschuß neben den Grundsätzen für das Programm auch praktische Hinweise für die Verfilmung von Zeitungen im Rahmen des Programms verabschiedet:

Praktische Hinweise für die Verfilmung von Zeitungen im Rahmen des Programms der Deutschen Forschungsgemeinschaft

Bei der Verfilmung von Zeitungen und Verwahrung der Filme müssen die in den nachfolgend genannten Werken näher beschriebenen Voraussetzungen beachtet werden:

- die Verfilmung sollte nach Norm DIN 19057 erfolgen, in der insbesondere technische Fragen bei der Durchführung der Verfilmung geregelt werden.
- Zeitungen in Bibliotheken, hrsg. v. W. Ubbens u. W. Höfig (dbi-materialien 49). Berlin 1985

Besondere Hinweise zur Verfilmung:

1. Vorbereitung des Materials

Vor Beginn der Verfilmung muß die *Vollständigkeit* des Materials und die *innere Ordnung* des Materials sorgfältig geprüft werden. Vorhandene Lücken sollten aus anderen Beständen ergänzt werden. Für die spätere Benutzung ist es unbedingt wichtig, daß die Zeitungen mit ihren Beilagen in der *chronologisch richtigen Reihenfolge* verfilmt werden.

Die vorbereitenden Maßnahmen sind sehr zeitaufwendig und müssen als Eigenleistung von der jeweiligen Institution betrieben werden. Wenn dafür kein geeignetes Personal zur Verfügung steht, sollte der Verfilmungsauftrag nur an ein Unternehmen vergeben werden, das diese Arbeiten zuverlässig durchführt. Im Rahmen von Ausschreibungen müssen Mehrfachangebote eingeholt werden.

2. Einband

Sollten die Zeitungen in einer für die Verfilmung ungeeigneten Form gebunden sein (z. B. Nagelung), so wäre die Bindung zu öffnen, um eine vollständige Wiedergabe der Textseiten zu ermöglichen.

3. Filmlänge

Für die Zeitungsverfilmung kommen grundsätzlich Filmrollen von 30 m oder 65 m Länge in Frage. Zwar bietet der preisgünstigere 65-m-Film bei geringerer Dicke eine bessere Ausnutzungsmöglichkeit, doch führen später bei der Benutzung die Sucharbeiten zu einer erheblich höheren Inanspruchnahme des Films, der Lesegeräte und der Readerprinter. Aufgrund dieser Tatsache ist dem 30-m-Film, auf dem etwa ¼ Jahr einer heutigen Tageszeitung untergebracht werden kann, der Vorzug zu geben.

4. Filmprotokoll

Bei der Vergabe des Verfilmungsauftrages ist darauf zu achten, daß die Anfertigung eines ausführlichen Filmprotokolls zugesichert wird. In diesem Protokoll werden die fehlenden Ausgaben oder Seiten erfaßt sowie Unzulänglichkeiten oder Beschädigungen im Text durch die entsprechenden Symbole gekennzeichnet.

5. Bibliographische Ordnung

Um die Orientierung zu erleichtern, sollen auf einer Filmrolle nur *bibliographisch abgrenzbare Einheiten* untergebracht werden (Tage, Wochen, Monate).

6. Zentraler Nachweis für Zeitungen auf Mikrofilmen

Die Zuwendungsempfänger verpflichten sich, nach Fertigstellung der Filme diese an folgende Institutionen zu melden:

– *Mikrofilmarchiv der deutschsprachigen Presse*
  c/o Institut für Zeitungsforschung
  der Stadt Dortmund
  Wißstraße 4
  4600 Dortmund 1
  Das Mikrofilmarchiv wiederum verpflichtet sich, diese Titel kostenfrei in seinem regelmäßig erscheinenden Verzeichnis „Mikrofilm-Archiv der deutschsprachigen Presse" anzuzeigen.

– *Standortkatalog der deutschen Presse*
  c/o Staats- und Universitätsbibliothek Bremen
  Bibliotheksstraße
  2800 Bremen 33

- *Standortverzeichnis ausländischer Zeitungen und Illustrierten in Bibliotheken und Institutionen der Bundesrepublik Deutschland und Berlin (West)*
  c/o Staatsbibliothek Preußischer Kulturbesitz
  Potsdamer Straße 33
  1000 Berlin 30
- *Zeitschriftendatenbank*

7. Der Silberfilm ist ausschließlich zur Sicherung und Herstellung von Benutzungskopien bestimmt.

8. *Urheberrechtliche Fragen*

Die Deutsche Forschungsgemeinschaft geht bei der Bewilligung davon aus, daß die Verfilmung und die spätere Benutzung der hergestellten Filme unter Beachtung der Vorschriften zum Schutze des Urheberrechts erfolgen und daß nötigenfalls das Einverständnis der Berechtigten eingeholt wird.[29]

Zieht man eine erste Bilanz des neuen Programms, so läßt sich ein guter Start feststellen. Dabei mag die Tatsache, daß in den Jahren 1986 und 1987 insgesamt 37 Bibliotheken *und* Archive finanziell unterstützt werden konnten und weitere Institutionen Anträge gestellt bzw. Anfragen an die Forschungsgemeinschaft gerichtet haben, auch als Gradmesser für den Stellenwert angesehen werden, den Zeitungen als historische Quellen heute besitzen. Wie sehr sich innerhalb kurzer Zeit allem Anschein nach die Verhältnisse gewandelt haben, zeigt ein Vergleich des heutigen Programms mit dem früheren: Konnten in der Zeit zwischen 1978 bis 1982 insgesamt 15 Bibliotheken mit einer Förderungssumme von 1,1 Mio. DM insgesamt unterstützt werden, so war es in den Jahren 1986 und 1987 möglich, insgesamt 37 Bibliotheken und Archive mit insgesamt 2,43 Mio. DM zu unterstützen. War die zahlenmäßig relativ große und umfangreiche Bewilligung einzelner Projekte nur durch im Jahre 1986 einmalig hohe, aufgrund vorliegender Anträge aufgestockte Mittel, die die Forschungsgemeinschaft angesichts der vorliegenden Projekte bzw. Anträge einmalig zur Verfügung stellte, in der genannten Höhe zu verwirklichen, so sind vor allem die Kriterien von Bedeutung, die das gestiegene Interesse an der Verfilmung von Zeitungen maßgeblich bestimmt haben: An erster Stelle steht das bereits erwähnte gewachsene Interesse an Zeitungen als historischen Quellen, vor allem unter regionalgeschichtlichen Fragestellungen, doch haben darüber hinaus auch sicher Aspekte der bibliothekarischen Praxis und Verwaltung eine Rolle

[29] Die „Grundsätze und Hinweise für die Verfilmung historisch wertvoller Zeitungen" können auch gesondert bei der Geschäftsstelle der Deutschen Forschungsgemeinschaft in Bonn-Bad Godesberg, Kennedyallee 40, bezogen werden. – Vgl. zusätzlich Anhang 1.a. und 1.b.

gespielt: Zum einen wird die Verfilmung zum Schutz der Originale eingesetzt, zum anderen wird versucht, die Erstbenutzung und Hauptbenutzung von Zeitungen mit Hilfe der Mikrofilme zu steuern, was für die Benutzung vor Ort und noch mehr für den Fernleihverkehr gilt. Schließlich sollte nicht unbeachtet bleiben, daß Original-Zeitungsbestände in den meist vollen Magazinen vieler zentraler Universitätsbibliotheken relativ viel Platz beanspruchen und vor allem nach erfolgter Verfilmung auch für Auslagerungen in Ausweichmagazine oder Speicherbibliotheken infrage kommen können.[30]

Insgesamt zeigt der Verlauf des Programms eine relativ gleichmäßige Verteilung einzelner Projekte auf die verschiedenen Bundesländer, doch scheint dabei auffällig, daß vor allem Archive, hier insbesondere Kommunalarchive, allem Anschein nach großes Interesse an der Verfilmung von Zeitungen bzw. an diesem Programm zeigen. Dies gilt um so mehr, als des öfteren die Zusammenführung und Bestandsergänzung einzelner Zeitungen durch verschiedene Institutionen vorgenommen werden mußte und in diesem Rahmen die Kommunalarchive, die nicht selten mit geringem Personal ausgestattet sind, mit hohem Einsatz zur Verbesserung der Konservierung und Literaturversorgung für die Forschung beitrugen. Wichtig erscheint in diesem Zusammenhang, daß vor allem auch die Regionalbibliotheken, die im Rahmen des Pflichtexemplarrechts zahlreiche Zeitungen als territorialgeschichtlichen Bestand im Laufe der Zeit gesammelt haben und aufbewahren, ihre Funktion stärker betonen und in diesem Selbstverständnis sich stärker auch mit der Verfilmung von Zeitungen beschäftigen, gleich, ob dies mit überregionaler Förderung, etwa mit Hilfe der Deutschen Forschungsgemeinschaft, oder im Rahmen der normalen regionalen Aufgaben geschieht. Es liegt dabei auf der Hand, daß die Regionalbibliotheken vor allem wegen der territorialgeschichtlichen Struktur ihrer Sammlungen nicht nur bei den Zeitungen eine wichtige Rolle im Konzert wissenschaftlicher Bibliotheken in der Bundesrepublik Deutschland in einem speziellen Feld der Bestandserhaltung und Bestandsvermittlung übernehmen können. Die Vorstellung des Förderungsprogramms der Forschungsgemeinschaft bei der Jahresversammlung der Arbeitsgemeinschaft der Regionalbibliotheken im November 1986 in Coburg und die anschließende Erörterung, vor allem aber auch die bisherige Beteiligung an dem Programm, haben gezeigt, daß einzelne Regionalbibliotheken sich schon jetzt dieser Aufgabe intensiv angenommen haben.

In den Jahren 1986 und 1987 hat die Deutsche Forschungsgemeinschaft den folgenden Bibliotheken, Archiven und anderen Institutionen für die Verfilmung der im einzelnen aufgeführten Zeitungen finanzielle Mittel zur Verfügung

[30] Wissenschaftsrat. Empfehlungen zum Magazinbedarf wissenschaftlicher Bibliotheken, Köln 1986, S. 36.

gestellt; gemäß den genannten Grundsätzen, die für das Programm Gültigkeit haben, werden die einzelnen Vorhaben mit Angabe der Titel nach Abschluß des Projektes an die Institutionen gemeldet, die überregionale Nachweisfunktion haben, nämlich das Mikrofilmarchiv der deutschsprachigen Presse in Dortmund, den Standortkatalog der deutschen Presse in Bremen, das Standortverzeichnis ausländischer Zeitungen und Illustrierten in Bibliotheken und Institutionen der Bundesrepublik Deutschland und Berlin (West) und die Zeitschriftendatenbank in Berlin, sofern die betreffenden Einrichtungen der Zeitschriftendatenbank angeschlossen sind. Die nachfolgende Aufstellung soll in ihrer bewußt einfachen Form und ohne Anspruch auf RAK-Konformität[31] die Kenntnis über einzelne Vorhaben vermitteln, den Informationsaustausch vor allem im regionalen Rahmen anregen, allgemein zur Ökonomie von einzelnen Projekten beitragen und speziell Doppelverfilmung vermeiden helfen; es ist dabei zu berücksichtigen, daß eine Reihe von Verfilmungen erst im Laufe des Jahres 1988 abgeschlossen werden wird:

Aachen (Öffentliche Bibliothek)
Aachener Anzeiger 1848–1851
Echo der Gegenwart. Aachen 1851–1935
Journal de la Roer. Aachen 1811–1814
Stadt-Aachener-Zeitung 1814–1849
Aachener Zeitung 1849–1888
Aachener Anzeiger – Politisches Tageblatt 1885–1943

Balingen (Stadtarchiv)
Amts- und Intelligenzblatt für den Oberamtsbezirk Balingen 1835–1866
Der Volksfreund – Politisches Unterhaltungblatt und Anzeigenblatt aus dem Oberamt Balingen 1867–1933
Der Wille – Nationalsozialistische Tageszeitung und Amtsblatt für den Kreis Balingen 1933–1944
Schwäbisches Tagblatt – Bezirksausgabe Balingen 1945–1949
Balinger Volksfreund – Heimatzeitung für Balingen und Umgebung 1949–1950

[31] Zu Fragen der Formalkatalogisierung von Zeitungen vgl. Willi Höfig, Besonderheiten bei der Formalkatalogisierung von Zeitungen, speziell im Hinblick auf EDV-Gesamtverzeichnisse, in: Zeitungen in Bibliotheken (wie Anm. 1), S. 106–108; Gisela Süle, Gutachten zum Standortkatalog der deutschsprachigen Presse. Untersuchungen über die Möglichkeit einer Überführung in die Datenbank des Deutschen Bibliotheksinstituts. Redaktionelle Nachbemerkungen von Wilbert Ubbens, in: Zeitungen in Bibliotheken (wie Anm. 1), S. 187–205. – Bei den unspezifischen Titeln ohne Provenienznennung im Titel wurde, soweit dies ohne größere Recherchen möglich war, der Erscheinungsort zur besseren Identifizierung angegeben.

Bonn (Bibliothek des Archivs der sozialen Demokratie)
Fürther Demokratisches Wochenblatt 1871–1873
Social-Demokratisches Wochenblatt. Nürnberg 1874
Nürnberg-Fürther Social-Demokrat 1874–1878
Fränkische Tagespost. Organ für Jedermann aus dem Volke. Nürnberg 1878–1902
Fränkische Tagespost. Nürnberg 1902–1905
Fränkische Tagespost. Sozialdemokratisches Organ für den Reichstagswahlkreis Nürnberg/Altdorf 1906
Fränkische Tagespost. Sozialdemokratisches Organ für Mittelfranken und Oberpfalz. Nürnberg 1906–1908
Fränkische Tagespost. Fürther Bürgerzeitung. Sozialdemokratisches Organ für Mittelfranken und die Oberpfalz 1908–1922
Fränkische Tagespost. Fürther Bürgerzeitung. Nürnberg-Fürther Sozialdemokrat 1922–1933
Schlesische Volkszeitung. Breslau 1871–1943
Volkswille. Organ des arbeitenden Volkes. 1876–1878
Volkszeitung. 1878–1879
Volkszeitung für Augsburg und Umgebung. Organ für Jedermann aus dem Volke 1891–1896
Münchener Post und Augsburger Volkszeitung 1896–1898
Augsburger Volkszeitung 1900–1905
Schwäbische Volkszeitung. Augsburg 1905–1933
Volkswille. Tageszeitung der unabhängigen sozialistischen Partei für Schwaben und Neuburg. Augsburg 1919–1921
Die Perspektive. Wochenblatt für die Interessen des schaffenden Volkes. Augsburg 1921
Bayerische Arbeiterzeitung. Organ der Kommunistischen Partei Deutschlands. Augsburg 1921–1923
Rote Bayern Fahne. Augsburg 1923

Bremen (Staats- und Universitätsbibliothek)
Abend-Zeitung. Dresden 1847
Allerneueste Europäische Welt- und Staats-Geschichte. Erfurt 1744
Allgemeine Arbeiterzeitung. Budapest 1870
Allgemeine Oder-Zeitung (Neue Oder-Zeitung). Breslau 1846–1847. 1848–1855
Allgemeine Wochen-Chronik. Bremen 1854–1855
Allgemeiner Arbeiter-Kalender. Budapest 1877. 1887. 1889. 1891–1893
Allgemeine Auswanderungs-Zeitung. Rudolstadt 1846–1856

Allgemeine Zeitung des Judent(h)ums. Leipzig 1837–1889. 1891–1895. 1897–1915. 1916–1917. 1920–1922

Altes und Neues Pommerland. Stargard 1721–1722

Altonaischer Mercurius. Altona 1752–1815

Amtliches Kreisblatt des Königsberger Landkreises. Königsberg 1912

Amtsblatt der Königlichen Litthauischen Regierung. Gumbinnen 1811. 1812–1813. 1815

Amts-Blatt der Königlichen Ostpreußischen (1830: Preußischen) Regierung. Königsberg 1813–1814. 1830.

Amtsblatt der Königlichen Regierung zu Allenstein. Allenstein 1913

Der Anzeiger (Der Reichsanzeiger, Kaiserlich priviligirter Reichs-Anzeiger, Allgemeiner Anzeiger der Deutschen, Allgemeiner Anzeiger und National-Zeitung der Deutschen). Gotha 1794. 1795. 1796–1797. 1798. 1800–1809. 1826–1837.

Der Anzeiger für Hemelingen und die Bremer südöstlichen Vororte Hastedt, Sebaldsbrück und Osterholz. Bremen 1938–1940

Arbeiter. Budapest 1893–1894

Arbeiter-Chronik. Nürnberg 1888–1889

Arbeitertum. Berlin, München 1931–1933

Arbeiter-Wochen-Chronik. Budapest 1873–1890

Der Arbeiter-Fotograf. Berlin 1926

Arbeiterpolitik (Hrsg. K.P.Tsch-Oppostion). Asch 1935–1938

Arbeiterpolitik. Bremen 1916–1919

Arbeiterpolitik. Organ der Kommunistischen Partei-Opposition Elsass. (Sektion der IVKO). Strasbourg 1934–1939

Arbeiterpresse. Budapest 1891–1894

Arbeiter-Tribüne. Stuttgart 1930

Arbeiter-Zeitung. Bremen 1927–1930. 1931. 1932

Arbeiter-Zeitung. New York 1873–1874

Arbeiter-Zeitung. St. Louis 1898. 1899–1900. 1901–1916.

Der Arbeitgeber. Frankfurt a.M. 1869–1879

Der arme Konrad. Berlin 1896. 1897

Der arme Konrad. Kalender für das arme Volk. München 1903. 1906

Der arme Teufel. Detroit 1884–1894

Augsburgisch-Wöchentlicher Kern der Curiositäten. Augsburg 1702

Augsburgische Postzeitung. Augsburg 1703–1713

Baierische National-Zeitung. München 1807–1819

Bayreuther Zeitungen (Bayreuther Zeitung). Bayreuth 1752–1755. 1758–1778. 1779. 1780–1800. 1802. 1804–1805. 1807. 1813–1819.

Beiblatt zur Deutschen Auswanderer-Zeitung: Anzeiger für Amerikanische Fonds. Bremen 1856–1858.

Berlinische Privilegierte Zeitung... Vossische Zeitung. Berlin 1725. 1735–1738. 1741–1743

Betriebszeitung der Bremer Straßenbahn A.G. und Bremer Vorortbahnen GmbH. Bremen 1936–1939

Blätter für Alle. Berlin 1927–1933

Blätter vermischten Inhalts. Oldenburg 1788–1797

Blick in die Zeit. Pressestimmen des In- und Auslandes zur Wirtschaft, Politik und Kultur. Berlin 1933–1935

Blicke in die Zeit nach der Schrift. Bremen 1848–1855

Der Blockadebrecher. Bremen 1924–1925. 1926–1927. 1928–1932

Boesmann's Telegraphisches Bureau. Bremen 1916. 1917. 1918. 1919

Der Bote aus dem Riesengebirge. Hirschberg 1812. 1813–1818. 1824. 1835–1838. 1840–1843. 1847

Bremer Abendblatt für Gemeinnütziges und Erheiterndes. Bremen 1842–1843

Der Bote aus Thüringen. Schnepfenthal 1791. 1792

Bremer Arbeiter-Zeitung. Bremen 1918–1922.

Bremer Beobachter. Volkstümlich-politische Blätter in zwangloser Folge. Bremen 1911–1917

Bremer Blätter für Jedermann. Bremen 1917–1918

Bremer Bote. Bremen 1903–1917

Bremer Freie Zeitung. Bremen 1876–1878

Bremer Fremden- und Anzeige-Blatt. Bremen 1874–1875

Bremer Fremdenblatt. Verbunden mit einem Communications- und Tages-Kalender. Bremen 1855–1860

Bremer General-Anzeiger. Bremen 1894–1897

Bremer Handels-Zeitung. Bremen 1883/84

Bremer Hausfrauen-Zeitung. Bremen 1922. 1923. 1925–1928. 1930. 1932. 1934

Bremer illustrierte Woche. Bremen 1931–1933

Bremer Journal. Bremen 1877–1880

Bremer Morgenpost (ab 20. 8. 1865 u.d.T.: Morgenpost). Bremen 1863–1866. 1867. 1868–1870

Bremer Nachrichten. Bremen 1796–1805. 1806–1810. 1841–1884

Bremer Nationalsozialistische Zeitung (Bremer Zeitung). Bremen 1931–1945

Bremer Sonntagsblatt. Ein Original-Beitrag f. d. religiöse Leben unserer Zeit. Bremen 1843–1844

Bremer Sonntagsblatt. Hrsg.: H. Strack. Bremen 1853–1866

Bremer Tageblatt. Unabhängige Zeitung für Bremen und Nordwestdeutschland. Bremen 1897–1920

Bremer Tageblatt. Bremen 1855–1859
Bremer Tageblatt. Unparteiisches Organ für Jedermann. Bremen 1895. 1896
Bremer Telegraph. Eine Zeitschrift zur Mittheilung des Neuen und Interessanten. Bremen 1846. 1847. 1848
Bremer Volksblatt (ab 1875, 6. 4. u. d. T.: Volks-Blatt). Bremen 1875–1878.
Bremer Zeitung (ab 1846, 1. 1. u. d. T.: Bremer Zeitung für Politik, Handel und Literatur). Bremen 1742. 1752. 1765. 1815–1829. 1831–1848
Bremer Volk-Zeitung. Bremen 1888
Bremer Wochen-Schrift. Bremen 1749–1750
Bremer Zeitung (spätere Titel: Norddeutsche Rundschau, Nationale Rundschau, Neue Bremer Zeitung, Bremer Zeitung). Bremen 1921–1929
Bremische Blätter für Unterhaltung, Belehrung und Witz. Bremen 1879
Bremische Correspondenz. Bremen 1916
Bremische Polizeibeamten-Zeitung. Organ des Landesverbandes der bremischen Polizeibeamten e. V. Bremen 1924–1933
Bremischer Beobachter (ab 1. 1. 1853 u. d. T.: Bremer Beobachter). Bremen 1849–1855
Bremischer Volksfreund. Bremen 1849–1952
Bremisches Conversationsblatt. Bremen 1838–1839
Bremisches Magazin. Bremen 1831–1834
Bremisches Volksblatt (ab 1. 1. 1841 u. d. T.: Bremisches Unterhaltungsblatt. Ein Volksblatt). Bremen 1823–1847. 1851. 1855–1859
Breslauer Anzeiger (Kleine Morgenzeitung, Morgenzeitung, Breslauer Morgenzeitung). Breslau 1854. 1856. 1857. 1858–1860. 1862. 1873
Breslauer General-Anzeiger. Breslau 1916
Breslauer Gerichts-Zeitung. Breslau 1916/17
Breslauer Handelsblatt. Breslau 1854–1874
Breslauer Intelligenz-Blatt. Breslau 1835. 1838
Breslauer Neueste Nachrichten. Breslau 1939–1944
Breslauer Volksblätter. Breslau 1904–1906
Die Brücke (ab 1925 u. d. T.: Deutsche Zukunft). Flensburg, Kiel, Heide 1924–1933
Buchdrucker-Zeitung. New York 1927–1940
Buffaloer Arbeiter-Zeitung. Buffalo 1898. 1899–1916. 1917
Chicagoer Arbeiter-Zeitung. Chicago 1894–1910
Christian-Erlangischer Zeitungs-Extrackt (Auszug der neuesten Weltgeschichte, Erlanger Auszug der neuesten Weltgeschichte, Schauplatz der Zeit, Real-Zeitung, Erlanger Real-Zeitung, Erlanger Zeitung). Erlangen 1741–1798. 1813–1829
Concordia. Zeitschrift für die Arbeiterfrage. Berlin 1871–1876

Concordia. Berlin, Leipzig (Bremen) 1849–1950
Das Dampfschiff. Zeitschrift für Freunde des Ernstes und des Frohsinns. Bremen 1838
Danziger Dampfboot für Geist, Humor, Satire, Welt- und Volksleben... Danzig 1832. 1835
Danziger Echo. Danzig 1934–1936
Danziger Landes-Zeitung. Danzig 1927. 1928. 1929–1934
Danziger Nachrichten, Erfahrungen und Erläuterungen... Danzig 1752–1757
Danziger Neueste Nachrichten. Danzig 1924. 1925–1943
Danziger Sonntags-Zeitung. Danzig 1930–1935. 1936. 1937–1942
Danziger Volksstimme. Danzig 1924. 1925–1930. 1931–1932. 1933–1938
Danziger Volks-Zeitung. Danzig 1935. 1936–1937
(Der) Danziger Vorposten. Danzig 1933. 1934–1937. 1938. 1939–1940. 1941. 1942–1943. 1944
Danziger Zeitung. Danzig 1796–1801
Danziger Zeitung. Danzig 1921–1922. 1924. 1925–1930
Demokratische Zeitung. Berlin 1871–1872
Demokratische Correspondenz. Organ der deutschen Volkspartei. Stuttgart 1868–1869
Deutsch-Amerikanische Baecker-Zeitung. New York 1886–1891
Der deutsche Arbeiter. Chicago 1869–1870
Deutsche Arbeiterhalle. Mannheim 1867–1868
Deutsche Auswanderer-Zeitung. Bremen 1852–1867, 1869–1875
Deutsche Blätter. Leipzig 1813–1814
Deutsche Böttcher-Zeitung. Bremen 1913–1916
Deutsche Gewerbezeitung. Leipzig 1845–1846
Deutsche Industrie-Zeitung. Chemnitz 1870–1884
Deutsche Kultur-Wacht. Berlin 1932–1933
Deutsche Nachrichten für Litauen. Kaunas 1931–1937. 1939–1941
Deutsche Republik. Frankfurt a. M. 1926–1933
Deutsche Rundschau (in Polen). Bromberg 1920. 1921. 1922–1923. 1924–1939. 1940. 1941–1942. 1943
Deutsche Schützen- und Wehr-Zeitung. Bremen, Nürnberg, München 1866–1867. 1869–1884. 1890–1891. 1892–1910. 1912–1915. 1920–1922. 1924–1926. 1928. 1929. 1930–1932. 1935
Deutsche Tribüne. München/Homburg 1831–1832
Deutsche Zukunft. Berlin 1933–1940
Deutsches Wochenblatt. Mannheim 1864. 1865–1867
Die Einheit (Betrieb und Gewerkschaft). Berlin 1926–1929
Die Einheitsfront. Bohnsdorf, Berlin 1922. 1923–1924. 1925–1926

Elbinger Anzeigen. Elbing 1840

Erläutertes Preußen... Acta Borussica... Preußische Merckwürdigkeiten. Königsberg 1741–1742

Die Europäische Relation. Altona 1685–1697. 1701–1702. 1703

Europäische Zeitung. Hanau 1701. 1703–1714. 1717–1719. 1721–1765. 1767–1795. 1797–1810

European Press. Bremen 1921

Evangelisch-lutherisches Volksblatt. Dresden 1921–1922

Extract derer eingelauffenen Nouvellen. Leipzig 1722. 1733–1750

Die Fanfare. Berlin 1932–1933

Fränkischer Merkur (Bamberger Zeitung). Bamberg 1796–1847

Frauenzimmer-Zeitung. Kempten 1787

Der freie Hanseat. Neueste Nachrichten der freien Demokratischen Partei. Landesverband Bremen. Bremen 1947–1948

Freie Meinung. Unparteiische Wochenzeitung für Kultur und Politik, Freiheit u. Recht, Aufklärung u. Kritik. Bremen 1919

Die Freie Welt. Illustrierte Wochenschrift der USPD. Berlin 1919–1920

Das Freie Wort. Zürich/Bern 1917–1918

Die Freie Zeitung. Bern 1917–1920

Freiheit. Breslau 1929

Freiheit. Königsberg 1919. 1921–1922

Freiheit. London/New York 1879–1910

Der Freydenker. Danzig 1741–1743

Friedens- und Kriegs-Courier. Nürnberg 1709. 1717. 1748. 1753. 1755. 1757. 1759–1762

Die Gartenlaube. Leipzig 1853–1855

Gelehrte Neuigkeiten Schlesiens zum Vergnügen allerhand Liebhaber gesammelt. Schweidnitz 1734–1741

Gemeinnützige Stadt- und Land Zeitung... (Gemeinnützige Zeitung fürs Volk...). Cahla bei Jena 1800–1801

General-Anzeiger für die gesamten Interessen des Judentums. Berlin 1902–1903. 1906. 1907. 1908–1910. 1911

Die Genossin. Berlin 1924–1927. 1928. 1929–1930. 1931. 1932–1933

Geographisch-historisches Wochenblatt zur Erläuterung der Begebenheiten des Tages. Bremen 1798. 1799. 1800. 1801

Getreide-Zeitung. Bremen 1852–1853

Gewerbe-Zeitung. Leipzig 1846–1847

Gleichheit. Wiener-Neustadt 1874–1875. 1877

Grimmer Kreis-Wochenblatt. Grimmen 1855–1856

Hamburg-Altonaer Illustrierte Zeitung. Altona 1864–1869

Hamburger Illustrierte Zeitung. Hamburg 1919–1944
Hamburgische Addreß-Comtoir-Nachrichten. Hamburg 1767–1800. 1801–1811
Hamburgische Neue Zeitung. Hamburg 1767–1811
Hannöverische politische Nachrichten. Hannover 1793–1799
Der Herold. Detroit, Mich. 1898–1918
Hessen-Darmstädtische privilegirte Zeitung. Darmstadt 1787
Hildesheimer Relations-Courier (Privilegirte Hildesheimische Zeitung. Hildesheim 1706–1717. 1719. 1721. 1726–1727. 1748–1752. 1754–1792
Historische Remarques über die neuesten Sachen in Europa. Hamburg 1701–1703
Holzarbeiter-Zeitung. Hamburg, Stuttgart, Berlin 1893–1933
Humoristische Blätter. Oldenburg 1839–1941
IFA-Rundschau. Funktionsorgan der Interessengemeinschaft für Arbeiterkultur… Berlin 1930–1931
Die Illustrierte für Bremen. Bremen 1914
Illustrierte Jugendzeitung. Leipzig 1846–1847
Illustrierte Zeitung für die Jugend. Leipzig 1846–1847
Illustrierter Dorfbarbier. Leipzig 1853. 1856. 1861
Das Inland. München 1831
Intelligenz-Blatt für den Bezirk der Königlichen Regierung zu Danzig. Danzig 1844
Intelligenzblatt für Litthauen. 1844
Jugendblätter. Stuttgart 1852–1854
Journal du Département des bouches du Wésèr, Zeitung des Départements der Weser-Mündungen. Bremen 1812–1813
Journal Offiziel de Haute-Silesie. Oppeln 1920
Der Jüngling. Königsberg 1768
Jugendblätter. Stuttgart 1852–1854
Der Junge Genosse. Berlin-Schöneberg 1921–1924
Jugend-Zeitung. Kehl/Rhein 1783
Jungvolk. Berlin 1915
Kampfsignal. New York 1932–1934
Kattowitzer Zeitung. Kattowitz 1933. 1934
Der Kämpfer. Chemnitz 1921–1926. 1927–1928. 1929–1933
Die Kämpferin. Organ der Gesamtinteressen der arbeitenden Frauen. 1927–1932
Die Kämpferin. Zeitschrift für Frauen und Mädchen des gesamten werktätigen Volkes. Leipzig 1919–1920. 1921
Der Kinderfreund. Bremen 1856. 1857. 1858

Königsberger Abend-Zeitung. Königsberg 1831
Königsberger Allgemeine Zeitung. Königsberg 1890. 1914. 1918. 1921. 1924. 1925. 1927. 1928. 1929. 1939. 1940–1943. 1944
Königsberger Freie Presse. Königsberg 1877–1878
Königsberger Hartungsche Zeitung (Königl. Preuß. Staats-, Kriegs- und Friedenszeitung). Königsberg 1812. 1817. 1820–1821. 1825. 1826. 1829. 1830. 1831. 1832. 1834. 1835–1836. 1838–1842. 1843–1845. 1846. 1847. 1848. 1852. 1856. 1858. 1861–1865. 1868. 1869. 1870–1874. 1876. 1877. 1890. 1905. 1909. 1912–1913. 1914–1917. 1918–1919. 1920
Königsberger Volkszeitung. Königsberg 1932. 1933
Königsbergisches Theaterjournal. Königsberg 1782
Kommende Kirche. Bremen 1936–1938
Die Kommune. Zeitschrift für kommunistische Kommunalpolitik. Berlin 1927–1933
Der Kommunist (Die Revolution). Dresden 1918–1921
Kommunistische Arbeiterzeitung. Essen 1922–1924
Kommunistische Räte-Korrespondenz. (Berlin) 1919–1920
Kritische Rundschau. Nachrichten für Beruf und Heim. Bremen 1928–1935
Kurtz gefaßte Historische Nachrichten... Regensburg 1727–1773
Leipziger Volkszeitung. Leipzig 1894–1900. 1901
Leipziger Zeitungen. Leipzig 1735. 1749–1750. 1760. 1789. 1860
Liegnitzer Kreisblatt. Liegnitz 1916–1918. 1921–1923
Liegnitzer Stadt-Blatt. Liegnitz 1854. 1859
Liegnitzer Tageblatt. 1914–1915. 1919. 1936
Der Lokal-Bote. 1907–1908. 1910. 1915. 1917
Magdeburgische Zeitung. Magdeburg 1816
Mahnruf. Berlin 1929–1933
Meininger Tageblatt. Meiningen 1849. 1874
Memeler Dampfboot. Memel 1899. 1910. 1920–1923. 1924–1930. 1931. 1932–1937. 1938. 1939–1941. 1942–1943
Missions-Kinderfreund (Das Missionsschiff). Bremen 1904–1922. 1924–1939
Der Mittheiler an der Unter-Weser. Bremerhaven 1859
Der monatliche Botschafter. Bremen 1872–1893
Monats-Blatt der Norddeutschen Missionsgesellschaft. Bremen 1851–1864. 1873. 1883–1887. 1891–1941
Montags-Post. Bremen 1878–1879
Münchener Politische Zeitung. München 1700–1819
Nachrichten für die Deutschen Kriegsgefangenen in der Sowjetunion. Moskau 1947–1948
Nationalsozialistische Briefe. Berlin 1925–1930

Neue Bremer Zeitung (ab 1. 4. 1814 u. d. T.: Neue Bremer Zeitung von Staats-Gelehrten und Handels-Sachen). Bremen 1813–1815
Neue Bremer Zeitung. Bremen 1849–1851
Neue Breslauer Zeitung. Breslau 1820–1825. 1848
Neue Deutsche Dorfzeitung. Coburg 1849–1851
Die neue Gesellschaft. Zürich 1877–1879
Neue Volksstimme. Budapest 1895–1896
Neue wöchentliche Rostock'sche Nachrichten und Anzeigen. Rostock 1841
Neue Zeitung. München 1918–1922. 1923
Der Neuigkeitskrämer. Bremen 1853. 1854. 1855
New Yorker Staats-Zeitung (Wochenblatt der New Yorker Staats-Zeitung). New York 1846. 1848. 1850. 1851. 1852–1854
(Der) Niederschlesische(r) Anzeiger. Glogau 1811. 1849
Nord und Süd. Breslau 1914–1919
Norddeutsche Hansa. Bremen 1859–1964
Nordwest. Wochenschrift f. d. öffentliche Leben des nordwestlichen Deutschlands. Bremen 1878–1894
Nordwestdeutsche Gastwirte-Zeitung (ab 1943, 1. 4. u. d. T.: Das Gaststättengewerbe). Bremen, Hannover 1931–1944
Nützliche Sammlung zum näheren Verstande des Neuen in der politischen und gelehrten Welt... Königsberg 1735
Der Oberschlesier. Oppeln 1926–1940
Oberschlesische Zeitung. Beuthen 1908
Oppelner Nachrichten. Oppeln 1928
Ostdeutsche Morgenpost (Beuthener Zeitung). Beuthen 1939. 1940–1944
Ostpreußische Zeitung. Königsberg 1922
Ostsee-Zeitung und Börsen-Nachrichten der Ostsee (Börsen-Nachrichten der Ostsee. Stettiner Abendpost). Stettin 1842–1847. 1849–1886. 1888–1898. 1932. 1933. 1944
Die Parole. St. Louis, Miss. 1884–1886
Der Parteiarbeiter. Berlin 1923–1925
Der Patriot. Bremen 1838
Der Pazifist (Das Andere Deutschland). Hagen i. W./Berlin/Hannover 1947. 1948. 1951–1969
Pekings Deutsche Zeitung. Peking 1901
Das Pfennig-Magazin... Leipzig 1833–1855
Der Pionier. Berlin 1911–1912. 1914
Politische Gespräche der Todten (Aus dem Reiche der Todten, Reich der Todten). Neuwied/Frankfurt a. M. 1786. 1787. 1789–1793. 1794. 1795. 1796. 1797–1805. 1808–1810

Politische Pfennig-Magazin. Leipzig 1850
Politisches Wochenblatt für die freie Hansestadt Bremen. Bremen 1832
Polizei- und Fremdenblatt der Stadt Breslau. Breslau 1853–1854. 1855. 1856–1857. 1858. 1859–1862
Porzia, eine Zeitschrift zur Förderung des Schönen und Guten. Bremen 1842–1855
Prager Presse. Prag 1921. 1922–1924. 1925–1932. 1933. 1936. 1937–1938.
Prager Tageblatt. Prag 1925. 1926. 1927. 1928–1929. 1930. 1931–1932. 1933. 1934–1935.
Preußische Ostsee-Blaetter. Königsberg 1832
Preussische Provinzial-Blätter. Königsberg 1829–1830
Der Preußische Sammler. Königberg 1773
Preussische Zehenden allerhand geistlicher Gaben. Königsberg 1740–1742. 1744
Preußische Zeitung. Königsberg 1935. 1939
Preußisches Archiv. Königsberg 1791–1798
Preußischer Volksfreund. Königsberg 1849. 1853. 1875–1876. 1877. 1878–1879. 1880. 1882–1888.
Progress. New York 1882–1885
Der Proletarier. Berlin 1920–1927. 1933
Der Proletarier. München/Augsburg 1869. 1870. 1871
Proletarierjugend. Leipzig 1920
Proletarische Sozialpolitik. Berlin 1928–1931
Der Propagandist. Berlin 1931. 1932
Radio Illustrierte. Bremen 1947–1949
Das räsonirende Dorfkonvent, ... Erfurt 1786–1788
Rätezeitung. Berlin 1919–1920
Die Reform. Sprechsaal für vaterstädtische Angelegenheiten. Bremen 1848
Die Reform. New York 1853
Der Regulator. Berlin 1884–1890
Der Reichsbürger. Leipzig 1879–1881
Reichs-Post-Reuter. Altona 1747. 1750–1758. 1766–1788
Relation aus dem Parnesso. Hamburg 1685–1712
Relationes Ordinariae. Köln 1702–1703.
Relations-Courier (Hamburger Relations-Courier). Hamburg 1707–1811. 1813
Die Republik. Berlin 1918
Der Republikaner. Wintherthur 1877–1882
Der Rote Helfer. Berlin 1925–1928
Der Rote Sand. Bremen 1919–1923
Der Rote Stern. Berlin 1924–1929. 1930–1933
RSF Mitteilungen. Radikal-soziale Freiheitspartei (Div. UT-Änd.) (ab 1949, Nr.

13 u. d. T.: Der freie Mensch). (ab 1952, Nr. 40 u. d. T.: Freisoziale Presse). Bremen (ab 1950: Hagen) 1948

Rundschreiben an die Vorstände und Mitglieder aller der Freien Vereinigung deutscher Gewerkschaften angeschlossenen Vereine. Berlin 1915–1917

Die Saar-Volksstimme (Auslandsausgabe). Saarbrücken 1934. 1935

Sächsische Vaterlandsbätter. Leipzig 1843–1844

Schlesische Analecten. Hirschberg 1790

Schlesische Arbeiter-Zeitung / Arbeiter-Zeitung. Breslau 1921–1933

Schlesische Provinzial-Blätter. Breslau 1785–1849. 1862. 1867

Schlesische Tageszeitung. Breslau 1939–1945

Schlesische Volkszeitung. Breslau 1789–1806.

Schlesische Volkszeitung (Breslauer Hausblätter). Breslau 1943. 1944

Schlesische Zeitung (Privilegirte Schlesische Zeitung, Schlesische privilegirte Staats-, Kriegs- und Friedens-Zeitung(en), Schlesische privilegirte Zeitung(en). Breslau 1742. 1743. 1744–1745. 1756–1771. 1773. 1776–1786. 1788–1944

Schlesischer Nouvellen-Courier (Nouvellen-Courier). Breslau 1712. 1714–1720. 1722–1724. 1726. 1728. 1730–1739. 1741

Schwäbischer Merkur. Stuttgart 1785–1848

Sächsische Arbeiter-Zeitung (Dresdner Volkszeitung). Dresden 1890–1933

Sheboygan Volksblatt. Sheboygan, Wiss. 1898, 1900. 1903. 1905

Sociale Republik. New York 1858–1860

Social-politische Blätter zur Unterhaltung und Belehrung. Berlin 1873–1875

Sonntags-Blatt für Jedermann aus dem Volke. Berlin 1863–1866

Der Sozialdemokrat. Bremen 1907–1910

Sozialdemokratische Feldpost. Berlin 1916–1918

Die Sozialistin (Die Spartakistin, Die Kommunistin). Stuttgart, Berlin 1919–1920

Staat und Bürger. Breslau 1889

Staats- und Gelehrte Zeitung des Königl. Dänischen unpartheyischen Correspondenten. Hamburg-Altona 1736

Stadt-Blatt. Oppeln 1872. 1911–1912

Der Stadtkölnische Reichscourier. Köln 1794

Stettiner Zeitung (Königlich privilegirte Stettiner Zeitung, Königlich privilegirte Stettinische Zeitung, Königlich Preußische Pommersche Zeitung, Königlich Preußische Stettiner Zeitung). Stettin 1782. 1796–1797. 1812–1814. 1816–1831. 1832–1838. 1839. 1840–1848

Stolbergische Sammlung Neuer und Merckwürdiger Welt-Geschichte. Stolberg 1735. 1736. 1738

Stralsundischer Relations Courier. Stralsund

Süddeutsche Post. München 1882
Süddeutsche Sonntagszeitung. Heilbronn/Stuttgart 1921–1937
Süddeutsche Volksstimme (Neue Mainzer Zeitung, Die Volksstimme). Mainz 1873–1877
Der Tabak-Arbeiter. Bremen 1913
Tagebuch der merkwürdigen Staatsbegebenheiten. Braunschweig 1782. 1783
Tages-Chronik. Bremen 1849–1851
Tele. Stockholm 1944–1945
Der Teutsche Diogenes. Danzig 1736–1737
Telegraph. Bremen 1859–1863
Tilsener gemeinnützige Wochenblatt. Tilsit 1826
Tribüne der Demokratie. Informationsblatt der KPD Land Bremen. Bremen 1947–1950
Der Unabhängige (ab 5. 11. 1893 u. d. T.: Deutsches Volksblatt/Der Unabhängige). Bremen 1892. 1893. 1894
Die Union. Bremen 1842–1849
Die Union. Hamburg 1874–1876
Unser Werk (Borgward). Bremen 1941–1944
Vegesacker Wochenblatt. Vegesack 1935–1939. 1939–1943. 1944
Vermischte Neben-Stunden, Darinnen allerhand Oberservationes,... Wismar 1724
Volk und Zeit. Hamburg 1923–1932
Der Volksfreund für Stadt und Land (Deutscher Volksfreund). Breslau 1881–1884
Der Volksfreund. Der Patriot. Jena 1818
Volksspiegel. Breslau 1846–1847
Volksstimme. Budapest 1877–1880
Volksstimme (Nepszava, Beil.) Budapest 1894–1901
Volksstimme. Budapest 1902–1924
Volksstimme des Westens. St. Louis, Miss. 1877–1878
Der Volks-Tribun. New York 1846
Volkswille. Budapest 1895
Volkszeitung. Halle 1921–1922
Vollzugsrat der Betriebs- und Soldatenräte. Mitteilungen 1919
Vom Bürgerkrieg. Berlin, Wien 1923–1925
Der Wandsbecker Bote. Hamburg 1771–1775
Der Weg der Frau. Berlin 1931–1933
Weltkampf. Zwickau 1920. 1922. 1923
Weser Bote. Alliiertes Nachrichtenblatt, Hrsg. von der 12. amerikanischen

Heeresgruppe für die deutsche Zivilbevölkerung der Enklave Bremen. Bremen 1945

Weser Zeitung. Bremen 1844–1849

Wesermünder Neueste Nachrichten. Bremerhaven (Wesermünde) 1927

Weser-Warte. Bremen 1929–1930

Westphälischer Moniteur (Le Moniteur Westphalien). Cassel 1807–1808

Wochen-Chronik. Sonntagsblatt zur Morgenzeitung. Bremen 1854

Wochenschrift für Vegesack und Umgegend. Bremen 1866. 1868–1871

Wochenschrift zum Besten der Erziehung der Jugend. Stuttgart, Tübingen 1771–1772

Wöchentliche Königsbergische Frag- und Anzeigungsnachrichten. Königsberg 1734. 1740. 1744. 1765

Wöchentliche Osnabrückische Anzeigen. Osnabrück 1768–1770

Wöchentliche Relation (Hallische wöchentliche Relation). Halle 1709–1738

Wille und Weg. München 1931–1933

Worüber man in der Bremer Gesellschaft spricht (ab 1908, 10 u. d. T.: Bremer Rundschau). Bremen 1907–1908. 1908–1909

Zeitung für Preußen. Königsberg 1845. 1846–1847. 1848

Zeitung für Städte, Flecken und Dörfer,... Wolfenbüttel 1786–1809, 1811–1821. 1823. 1825. 1828–1847.

Coburg (Landesbibliothek)

Allgemeiner Anzeiger und Nationalzeitung der Deutschen. Gotha 1811–1848

Coburger National-Zeitung 1930–1945

Coburger Zeitung 1861–1889

Privilegierte Gothaische Zeitung 1827–1900

Der Weckruf. Coburg 1926–1929

Darmstadt (Hessisches Staatsarchiv)

Darmstädter Zeitung 1930–1935

Darmstädter Tagblatt. 1740–1918

Gießener Zeitung 1943–1945

Grossherzoglich Hessische Zeitung. 1777–1872, 1918–1929

Hessische Landeszeitung. Darmstadt 1863–1868

Hessische Volksblätter. Darmstadt 1864–1884

Hessischer Volksfreund Darmstadt

Hessische Volkszeitung 1888–1891

Main-Zeitung. Organ der deutschen Fortschrittspartei in Hessen 1867–1875

Neue Hessische Volksblätter

Hessische Landeszeitung

Darmstädter Zeitung. Darmstadt 1930–1945
Neue Offenbacher Zeitung 1875–1923

Düsseldorf (Universitätsbibliothek)
Düsseldorfer Generalanzeiger 1876–1950
Deutche Bergwerkszeitung. Essen, Düsseldorf 1901–1922, 1925–1927
Volksparole. Rheinische Landeszeitung. Krefeld, Düsseldorf 1930–1945

Freiburg (Universitätsbibliothek)
Der Alemanne. Kampfblatt der Nationalsozialisten Oberbadens. Freiburg 1931–1945
Breisgauer Bote. Freiburg 1839–1934
Freiburger Bote 1865–1871. 1896–1921
Freiburger Nachrichten 1945–1946
Freiburger Tagespost 1911–1934
Tagespost 1934–1940. 1949–1950
Oberrheinischer Courier. Freiburg 1863–1888
Volkswacht. Freiburg 1911–1933

Friedberg/Hessen (Stadtarchiv)
Allgemeines Friedberger Wochenblatt für Stadt- und Landleute 1811–1817
Deutsche Volkswacht. Offenbach, Friedberg 1894–1907
Gemeinnütziges Wochenblatt für Friedberg und die Gegend 1819–1828
Friedberger Wochenblatt 1829–1833
Intelligenzblatt für die Provinz Oberhessen im Allgemeinen, den Kreis Friedberg und die angrenzenden Bezirke im Besonderen 1834–1841
Friedberger Wochenblatt zu den Wetterauer Anzeigen 1834–1835
Intelligenzblatt für die Provinz Oberhessen, die Kreise Friedberg und Hungen 1842
Intelligenzblatt für die Provinz Oberhessen, die Kreise Friedberg, Grünberg, Hungen und die angrenzenden Bezirke im Besonderen 1843–1847
Intelligenzblatt für die Provinz Oberhessen, den Regierungsbezirk Friedberg im Besonderen 1848–1852
Intelligenzblatt für die Provinz Oberhessen im Allgemeinen, den Kreis Friedberg und die angrenzenden Bezirke im Besonderen 1853
Friedberger Intelligenzblatt, Allgemeiner Anzeiger für Oberhessen, Amts- und Verkündigungsblatt für den Kreis Friedberg 1854–1866
Beiblatt zum Friedberger Intelligenzblatt 1856. 1858–1861. 1863–1866
Anzeiger für Oberhessen. Friedberger Intelligenzblatt 1866–1868
Unterhaltungsblatt zum Anzeiger für Oberhessen 1866–1906

Neue Friedberger Zeitung (NFZ) für Stadt und Land. Amtlicher Anzeiger für die Stadt Friedberg. Friedberg 1896–1920
Sonntagsblatt (Beilage zur NFZ) 1902
Neue Tageszeitung (NTZ), nationale unabhängige Zeitung für Landwirtschaft, Handwerk und Gewerbe. Friedberg 1907–1934
Illustrierte Kriegschronik. Beilage zur NTZ 1914–1917
Oberhessische Tageszeitung. Amtliche Tageszeitung der NSDAP. Ausgabe Wetterau, Vogelsberg. Giessen 1936–1938, i. 1. Hj., 1940, 1942
Oberhessischer Anzeiger 1869–1896
Oberhessischer Anzeiger und Friedberger Zeitung 1896–1934
Die Illustrierte des Oberhessischen Anzeigers und der Friedberger Zeitung 1927–1928
Oberhessischer Anzeiger. Neue Tageszeitung 1934–1943
Amtliche Bekanntmachungen der Stadtverwaltung Friedberg; Oberhessischer Anzeiger, Neue Tageszeitung. Amtliche Bekanntmachungen des Landrates des Landkreises Friedberg und der Stadtverwaltung Friedberg; Amtliche Bekanntmachungen des Landrates des Landkreises und der Stadtverwaltung Friedberg in Hessen. Ausgabe Friedberg; Amtliche Bekanntmachungen/hrsg. vom Landrat des Landkreises Friedberg 1945–1949
Wetterauer Anzeigenblatt. Friedberg 1948–1949
Friedberger Anzeigenblatt 1949
Oberhessischer Anzeiger 1949–1950
Wetterauer Nachrichten, unabhängige Zeitung für Stadt und Kreis Friedberg, Bad Nauheim und Butzbach 1949–1950
Wetterauer Volksblatt. Friedberg 1848–1849

Friedrichshafen (Stadtarchiv)
Württembergisches Seeblatt. Friedrichshafen 1845–1848
Seeblatt für Stadt und Land. Friedrichshafen 1852. 1861–1864
Seeblatt. Friedrichshafen 1864–1933
Verbo Seeblatt. Friedrichshafen 1934–1935
Verbo Seeblatt/Friedrichshafener Tagblatt 1935–1940
Verbo Friedrichshafen 1940–1942
Donau-Bodensee-Zeitung (Ausgabe Friedrichshafen) 1942–1945
Seeblatt. Friedrichshafen 1945

Hagen (Stadtarchiv)
Der Ennepeströter 1924–1928
Hagener Freie Presse 1898–1899
Hasper Zeitung 1869–1950

Der Hausfreund. Hagen 1829–1839
Hagener Kreisblatt 1845–1863
Hagener Zeitung 1864–1945
Hermann. Hagen 1814–1819
Rote Tribüne/Freiheit 1922–1933
Westdeutsche Volkszeitung 1898–1935
Tremonia 1935–1944
Westfälische Post/Westfälisches Tageblatt. Hagen 1888–1934

Hamburg (Staats- und Universitätsbibliothek)
Altonaer Nachrichten 1858–1937
Generalanzeiger. Hamburg 1888–1922
Hamburger Anzeiger 1922–1944
Hamburger Tageblatt 1931–1935
Neue Hamburger Zeitung 1896–1922
Die Reform. Altona 1848–1851. 1854–1892

Hannover (Niedersächsische Landesbibliothek)
Hannoverische Anzeigen von allerhand Sachen, deren Bekanntmachung dem gemeinden Wesen nöthig und nützlich 1750–1857
Hannoversches Magazin 1814–1849
Hannoversche gelehrte Anzeigen 1750–1754
Nützliche Sammlung. Hannover 1754–1758
Hannoversche Beiträge zum Nutzen und Vergnügen 1759–1762
Hannoversches Magazin ab 1763
Neues Hannoverisches (Hannöversches) Magazin 1793–1813

Heidelberg (Universitätsbibliothek)
Heidelberger Anzeiger 1882–1910
Heidelberger Neueste Nachrichten 1910–1944
Heidelberger Beobachter 1931–1932
Die Volksgemeinschaft. Heidelberg 1932–1944
Heidelberger General-Anzeiger 1883
Tageblatt 1884–1937
Heidelberger Tageblatt 1858–1860
Heidelberger Zeitung 1861–1919
Badische Post. Karlsruhe 1919–1924
Heidelberger Wochenblatt 1807–1830
Heidelberger Wochenblätter 1831–1839
Heidelberger Tageblätter 1840–1842

Heidelberger Journal 1842–1871
Pfälzer Bote. Heidelberg 1865–1933
Heidelberger Volksblatt 1933–1935
Volkszeitung. Heidelberg 1919–1933

Herrenberg (Stadtarchiv)
Intelligenzblatt für den Oberamtsbezirk Herrenberg 1838–1841
Amts- und Intelligenzblatt für den Oberamtsbezirk Herrenberg 1842–1865
Amts-, Intelligenz- und Unterhaltungsblatt für den Oberamtsbezirk Herrenberg 1866–1867
Herrenberger Amtsblatt. Intelligenz- und Unterhaltungsblatt für den Oberamtsbezirk Herrenberg 1868–1871
Der Gäubote. Herrenberger Amts- und Intelligenzblatt. 1872–1875
Der Gäubote. Amts- und Anzeigeblatt für den Oberamtsbezirk Herrenberg 1876–1909
Gäu- und Ammertalbote. Amts- und Anzeigeblatt für den Oberamtsbezirk Herrenberg 1909–1918
Gäu- und Ammertalbote. Herrenberger Zeitung. Amts- und Anzeigeblatt für den Oberamtsbezirk Herrenberg 1919–1924
Gäubote – Ammertalbote. Herrenberger Zeitung – Tübinger Zeitung. Amtsblatt für das Oberamt Herrenberg und das Gäu 1924
Gäubote – Ammertalbote. Amtsblatt für das Oberamt Herrenberg und das Gäu 1924–1933
Gäubote. Ammertalbote/Schwäbisches Tagblatt. Nationalsozialistische Tageszeitung für das Oberamt Herrenberg/Amtsblatt sämtlicher Behörden 1933–1934
Gäubote. Ammertalbote/Schwäbisches Tagblatt. Tageszeitung für Stadt und Kreis Herrenberg/Amtsblatt sämtlicher Behörden 1934
Gäubote. Ammertalbote/Herrenberger Tagblatt. Tageszeitung für Stadt und Kreis Herrenberg/Amtsblatt sämtlicher Behörden 1934–1935
Gäubote. Ammertalbote/Herrenberger Tagblatt. Tageszeitung für Stadt und Kreis Herrenberg/Amtsblatt fur Stadt und Oberamt 1935–1938
Gäubote. Herrenberger Tagblatt, Ammertalbote. Tageszeitung für Herrenberg und Umgebung. Amtsblatt der Stadt Herrenberg 1939–1941
Gäubote. Herrenberger Tagblatt, Ammertalbote. Süddeutsche Heimatzeitung für Herrenberg und das Gäu. Amtsblatt der Stadt Herrenberg 1949–1950

Karlsruhe (Badische Landesbibliothek)
Badischer Beobachter. Karlsruhe 1863–1865. 1867–1871. 1873–1874. 1876. 1880. 1883. 1885–1935

Badische Landespost. Karlsruhe 1890. 1898. 1901
Badische Landeszeitung. Karlsruhe 1843–1847. 1849–1921
Badische Post. Karlsruhe 1901
Badische Warte. Karlsruhe 1914–1916. 1918
Badischer Landesbote. Karlsruhe 1874–1881. 1883–1885
Durlacher Wochenblatt 1835–1839. 1846–1847
Durlacher Tagblatt 1850–1854. 1857. 1859–1943
General-Anzeiger. Karlsruhe 1887–1914. 1927–1932. 1934–1935
Karlsruher Beobachter 1848
Karlsruher Fremdenblatt, Konzert- und Theater-Zeitung, Residenz-Anzeiger 1916–1918. 1920–1935
Karlsruher Intelligenz- und Wochenblatt 1810–1818. 1820–1833
Karlsruher Nachrichten 1843. 1851. 1870–1894
Karlsruher Tagblatt 1835–1836. 1838
Karlsruher Volksblatt 1924–1925
Badische Zeitung 1925–1934
Neue Badische Presse. Karlsruhe 1863–1865. 1867–1871
Badische Presse. Karlsruhe 1873–1874. 1876. 1880. 1883. 1885–1935

Karlsruhe (Landeskirchliche Bibliothek)
Süddeutsches Evangelisch-protestantisches Wochenblatt 1860–1892
Evangelisch-protestantisches Kirchenblatt 1893–1910
Süddeutsche Blätter für Kirche und freies Christentum 1911–1933

Kassel (Gesamthochschulbibliothek – Landesbibliothek und Murhardsche Bibliothek der Stadt Kassel)
Allgemeiner Anzeiger für Allendorf-Bad Sooden und Umgebung 1911–1912
Tageblatt und allgemeiner Anzeiger 1913–1920
Bade-Anzeiger für Sooden u. d. Werra 1883–1905
Kur-Anzeiger. Bad Sooden-Werra 1906–1940
Eschweger Tageblatt und Kreisblatt. Anzeiger für die amtlichen Bekanntmachungen im Kreis Eschwege 1889–1902
Eschweger Tageblatt. Anzeiger für die amtlichen Bekanntmachungen im Kreise Eschwege
Eschweger Tageblatt u. Kreisblatt
Eschweger Kreisblatt 1902–1943
Fritzlarer Kreis-Anzeiger. Ein Blatt für Stadt und Land 1844–1887
Fritzlarer Kreis-Anzeiger. Amtliches Organ für die Bekanntmachungen der Amtsbezirke Fritzlar, Gudensberg, Jesberg. Ein Blatt für Stadt und Land 1888–1892
Fritzlarer Kreis-Anzeiger. Amtliches Organ für den Kreis Fritzlar 1893–1936

Kreisblatt für den Kreis Fritzlar-Homberg 1937–1944

Gudensberger Zeitung. Allgemeiner Anzeiger für Stadt und Land. Amtliches Publikations-Organ für die Stadt Gudensberg. Insertionsorgan für das Königliche Amtsgericht Gudensberg 1905–1937

Hofgeismarer Zeitung. Anzeiger für den Kreis Hofgeismar und Umgegend 1883–1898

Hofgeismarer Zeitung. Amtliches Organ für den Kreis Hofgeismar 1899–1944

Homberger Kreisblatt 1878–1937

Homberger Zeitung. Allgemeiner Anzeiger für den Kreis Homberg 1928–1937

Kirchhainer Zeitung. Politisches Organ und Öffentlicher Anzeiger für den Kreis Kirchhain und Umgegend 1889–1926

Hessische Rundschau 1927–1944

Kreisblatt. Amtliches Organ für den Kreis Hofgeismar 1876–1908

Kreisblatt für den Kreis Frankenberg 1877–1911

Frankenberger Zeitung 1912–1943

Kreisblatt für die Stadt und den Kreis Schlüchtern 1875–1888

Schlüchterner Zeitung. Amtliches Blatt für die Veröffentlichung des Kreises Schlüchtern 1889–1941

Rotenburger Kreisblatt 1857

Kreisblatt 1858–1896

Kreisblatt. Anzeiger für die amtlichen Bekanntmachungen im Kreise Rotenburg 1897–1909

Rotenburger Kreisblatt. Anzeiger für die amtlichen Bekanntmachungen im Kreise Rotenburg 1910–1918

Rotenburger Tagblatt 1919–1941

Spangenberger Zeitung. Amtlicher Anzeiger für die Stadt Spangenberg. Allgemeiner Anzeiger für Stadt und Land. Amtsblatt für das Königliche Amtsgericht Spangenberg 1913–1940

Werra-Bote. Allgemeiner Anzeiger für Stadt und Land 1878–1903

Werra-Bote. Allgemeiner Anzeiger für Allendorf, Bad Sooden und das untere Werratal 1904–1934

Niederhessische Nachrichten. Werra-Bote und Allgemeiner Anzeiger 1935–1941

Witzenhauser Kreisblatt 1866–1877

Witzenhauser Kreisblatt. Amtliches Organ für den Kreis Witzenhausen 1878–1944

Wochenblatt für den Verwaltungsbezirk Eschwege im Jahre 1849–1851

Eschweger Wochenblatt für das Jahr 1855–1871

Kiel (Schleswig-Holsteinische Landesbibliothek)

Dithmarsche Zeitung 1832–1848

Dithmarsche Blätter für deutsche und schleswig-holsteinische Zustände 1849–1873
Eiderstedter Nachrichten 1864–1945
Friesen-Courier 1902–1948
Glückstädter Fortuna 1794–1950
Holsteinischer Courier. Neumünster 1874–1949
Kremper Zeitung 1894–1950
Neuer Holsteinischer Courier. Neumünster 1949–1950
Husumer Wochenblatt 1814–1910
Husumer Tagblatt 1911–1927
Kaltenkirchener Zeitung. Zeitung für Süd- und Mittelholstein 1910–1936
Kieler Tagblatt und Anzeiger 1874–1894
Nord-Ostsee-Zeitung. Kiel 1887–1907
Nordschleswigsche Tageszeitung. Flensburg 1929–1942
Nordschleswigsche Zeitung. Flensburg 1943–1945
Plöner Wochenblatt 1826–1922
Ostholsteinisches Tageblatt und Plöner Zeitung 1923–1950
Rendsburger Wochenblatt, Rendsburger Tageblatt, Schleswig-Holsteinische Tageszeitung 1810–1930
Segeberger Kreis- und Wochenblatt 1863–1904
Segeberger Kreis- und Tageblatt 1905–1933
Störbote 1882–1950
Wagrisches Wochenblatt 1828–1950
Wilstersche Zeitung 1890–1950

Koblenz (Stadtbibliothek)
Coblenzer Zeitung 1850–1922
Coblenzer Volkszeitung. Organ für das katholische Volk 1872–1876, 1878–1926
Koblenzer Volkszeitung 1926–1950
General-Anzeiger. Koblenz 1888
Coblenzer General-Anzeiger 1888–1900. 1921–1926
Koblenzer General-Anzeiger 1926–1944

Landau (Stadtarchiv)
Landauer Anzeiger 1918–1945
Rheinpfalz (Ausgabe Landau) 1945–1949

Lüneburg (Hochschulbibliothek)
Aller-Zeitung 1856–1945
Allgemeine Zeitung für die Lüneburger Heide 1914–1919, 1921–1945
Böhme-Zeitung. Soltau 1864–1945

Bremervörder Zeitung 1911–1938, 1943, 1945
Burgdorfer Kreisblatt 1875–1945
Cellesche Zeitung 1817–1945
Harburger Anzeigen und Nachrichten 1844–1943
Lüneburgsche Anzeigen 1812–1924
Nordhannoversche Landeszeitung 1852–1939
Rotenburger Zeitung 1892–1900, 1902–1913, 1915–1935, 1937–1943
Soltauer Nachrichten 1908. 1923, 1934–1935
Verdener Anzeigenblatt 1869–1945
Volksblatt für Lüneburg und Umgebung 1914–1926
Walsroder Zeitung 1896–1945
Winsener Zeitung 1912–1943
Zeitung für das Wendland 1855–1856, 1858–1877, 1879–1884, 1886–1891, 1893–1899, 1901–1945

Marburg (Universitätsbibliothek)
Allgemeiner Anzeiger für die Amtsgerichtsbezirke Hess. Lichtenau 1897–1916
Bebraer Tageblatt 1908–1944
Bebraer Zeitung 1902–1912
Der Beobachter an der Losse 1898–1910
Borkener Zeitung 1926–1939
Der Champagnerkamerad. Charleville 1915–1918
Deutsche Lodzer Zeitung 1915–1918
Deutsche Zeitung für die Krim und Taurien. Simferopol, Ukrain. SSR 1918
The Fatherland. Devoted to fair play for Germany and Austria. New York 1914–1917
Viereckts New York. The American Weekly 1917–1919
Freiheit 1919–1920
Fritzlarer Zeitung 1888–1920
Fulda-Werra-Zeitung 1888. 1935
Gazeta Noroclowa. Poznan 1916
Gazette des Ardennes. Journal des pays occupé. Charleville 1914/15–1918
Großalmeroder Zeitung 1898–1910
Hanauer Anzeiger 1725–1726, 1822–1942
Hanauer Zeitung 1811–1922
Heer und Heimat. Berlin 1917
Hersfelder Kreisblatt
Hersfelder Tageblatt
Hersfelder Anzeiger 1852–1933
Der Hessenbote 1837–1850

Hessen-Schaumburgische Landes-Anzeigen 1818–1821
Hessische Blätter 1872–1921
Hessische Dorfzeitung/Neue Casseler Zeitung. Kassel-Wahlheiden 1888–1910
Hessisches Volksblatt 1890–1911
Italia Nostra. Rom 1914–1915
Korrespondenz-Blatt. Berichte über die Ereignisse und Verhältnisse im Verwaltungsgebiet des Oberbefehlshabers Ost. Kowno 1916–1918
Kownoer-Zeitung 1916–1917
Kreisblatt / Gelnhäuser Tageblatt 1876–1945
Kurhessische Morgenpost 1926–1931
Liberales Wochenblatt für die Grafschaft Schaumburg 1883–1890
Liller Kriegszeitung 1914/15–1918
Melsunger Wochenblatt 1869–1945
Mitauische-Zeitung 1916–1918
Neustädter Zeitung. Neustadt/Hessen 1931–1940
Niederhessische Zeitung. Zierenberg 1910–1939
Oberhessischer Anzeiger
Oberkirchener Anzeiger. Marburg 1898–1939
Pinsker Zeitung 1916–1917
Questions Ukrains 1919
Rintelner Anzeiger 1902–1945
Rodenberger Zeitung 1902–1941
Samoanische Zeitung 1901/02–1914
Schwalm-Bote 1900–1944
Tageblatt für Kurhessen und das angrenzende Thüringen und Sachsen 1910–1933
Tagesberichte aus der polnischen und jüdischen Presse 1917–1918
Ukrainische Nachrichten. Mitteilungen des Bundes zur Befreiung der Ukraine 1914–1917
Verordnungsblatt für das Generalgouvernement Warschau 1916–1918
Vistnik sojuza vizvolennja Ukraini. (Nachrichtenblatt des Bundes zur Befreiung der Ukraine) 1914–1918
Volksstimme 1920–1922
Waldeckische Landeszeitung. Korbach 1887–1945
Warschauer Mitteilungen. Berichte aus dem Königreich Polen 1917–1918
Wilnaer Zeitung 1916–1918
Wolfhagener Kreisblatt 1877–1941
Zeitung der 10. Armee. Wilna 1915–1918
Ziegenhainer Kreisblatt 1876–1895
Ziegenhainer Zeitung 1895–1937

Mönchengladbach (Stadtbibliothek)
Gladbacher Anzeiger 1889–1890
Gladbacher Merkur 1889–1904
Gladbacher Volkszeitung 1872–1904
Gladbach-Rheydter Tageblatt 1934
Odenkirchener Volksblatt 1909–1924
Rheinisches Volksblatt 1924–1939
Volksparole. Mönchengladbach 1933–1935
Rheinische Landeszeitung. Mönchengladbach 1935–1944
Westdeutsche Landeszeitung. Mönchengladbach 1904–1933

München (Bayerische Staatsbibliothek)
Der Bayersche Landbote. München 1825–1826
Der Bayer'sche Landbote. München 1827–1831
Der Bayerische Landbote. München 1832–1933
Das Bayerische Vaterland. München 1869–1934
General-Anzeiger. München 1892–1898
Münchener Zeitung 1898–1943
Münchner Politische Zeitung 1822–1832
Bayrische Staatszeitung. München 1832
Münchner Politische Zeitung 1832–1848
Neue Münchner Zeitung 1848–1862
Bayerische Zeitung. München 1862–1868
Bayerische Landeszeitung. München, Würzburg 1869–1870
Münchener Post 1889–1933
Münchner Volks-Zeitung 1872–1878
Neue freie Volkszeitung 1879–1941
Neueste Nachrichten. München 1850–1885

München (Institut für Zeitgeschichte)
Der Jungdeutsche Orden. Kassel 1921–1922
Der Jungdeutsche. Kassel, Berlin 1923–1933
Nordische Zeitung 1933

Offenburg (Stadtarchiv)
D'r Alt Offeburger 1899–1933
Ortenauer Rundschau 1933–1941
Der Führer 1932–1944
Offenburger Wochenblatt 1819–1839
Wochenblatt 1839–1850

Der Ortenauer Bote 1851–1913
Offenburger Tageblatt 1913–1950

Paderborn (Stadtarchiv)
Paderborner Anzeiger 1906–1914. 1918–1927. 1932–1935
Westfälisches Volksblatt. Paderborn 1914–1919

Radolfzell (Stadtarchiv)
Freie Stimme. Radolfzell (1865–1936)

Ratzeburg (Kreisarchiv des Kreises Herzogtum Lauenburg)
Möllner Zeitung 1874–1939
Privilegirte Lauenburgische Anzeigen 1818–1870
Allgemeine Lauenburgische Landeszeitung 1870–1938
Lauenburgische Landeszeitung 1938–1950
Schwarzenbeker Nachrichten 1897–1899. 1901–1940

Remscheid (Stadtarchiv)
Bergischer Beobachter. Volksparole. Rheinische Landeszeitung 1933–1937. 1939–1945
Rheinische Landeszeitung
Lenneper Kreisblatt 1830–1949
Lüttringhauser Zeitung 1898–1904. 1906–1909. 1911–1914
Remscheider Arbeiter-Zeitung/Bergische Volksstimme 1912–1924. 1927. 1929–1932
Täglicher Anzeiger für Lüttringhausen 1910/11. 1913–1914. 1917–1920. 1922–1928
Volksblatt für Remscheid und Umgebung. Remscheider Volksblatt. Remscheider Zeitung. Remscheider Tagblatt 1848–1924

Reutlingen (Stadtbibliothek)
Oberamtsblatt für den Bezirk Reutlingen 1858–1876
Reutlinger Generalanzeiger 1892–1949
Reutlinger Tagblatt 1933–1939
Reutlinger Zeitung 1940–1943. 1945
Schwäbisches Tagblatt. Tübingen 1945–1949
Schwarzwälder Kreiszeitung. Reutlingen 1877–1933

Rottenburg (Stadtarchiv)
Intelligenzblatt für Tübingen und Rottenburg 1819–1854

Die Mitteilungen der Militärregierung für den Kreis Tübingen 1945
Nachrichtenblatt der Militärregierung für den Kreis Tübingen 1945
Neckarbote. Rottenburg 1831–1909
Rottenburger Zeitung. 1888–1909
Rottenburger Zeitung und Neckarbote 1910–1935
Rottenburger Zeitung. Rottenburger Nachrichten und Neckarbote 1935–1939

Solingen (Stadtarchiv)
Bergische Post. Solingen 1924–1941
Bergisches Volksblatt. Solingen 1849–1868
Solinger Zeitung 1868–1921
Freiheit. Solingen 1946–1948
Freies Volk. Solingen 1949–1950
Ohligser Anzeiger 1876–1941
Rhein-Echo/NRZ. Düsseldorf 1946–1950
Rheinische Post. Solinger Morgenpost 1946–1950
Volksblatt 1919
Solinger Volksblatt 1926–1933
Walder Zeitung. Bergische Zeitung 1868–1935

Speyer (Pfälzische Landesbibliothek)
Feuille d'annonce de Spire. Speyerer Anzeige-Blatt 1811–1814
Speierer Wöchentliches Anzeige-Blatt 1814–1833
Speyerer Wöchentliches Anzeigeblatt 1834–1838
Speyerer Anzeige-Blatt 1839–1846
Anzeige-Blatt 1846–1866
Speyerer Anzeiger 1867–1868
Speierer Anzeiger 1868–1874
Speierer Zeitung 1875–1935
Speyerer Zeitung 1936
Metzer Zeitung 1940–1941
Metzer Zeitung am Abend. Das gauamtliche Abendblatt der Westmark 1941–1944
Nachrichtenblatt 1921–1925
NSZ-Westmark 1940–1945
Pfälzer Zeitung Annweiler, Speyer, Ludwigshafen 1849–1936
Speyerer Zeitung 1814–1816
Neue Speyerer Zeitung 1816–1853
Wöchentlich Zweybrücker Frag- und Kundschaftsblatt 1763–1764. 1766–1773. 1781–1784

Zweybrücker Zeitung 1786
Herzoglich-Pfalzzweibrückisches Intelligenzblatt 1795–1796
Zweibrücker Intelligenzblatt 1808–1810. 1814
Zweibrücker Wochenblatt 1815–1816
Wochenblatt 1816. 1817–1820
Zweibrücker Wochen-Blatt 1826
Zweibrücker Zeitung 1832
Zweibrücker Wochen-Blatt 1854
Zweibrücker Wochenblatt 1866. 1870
Zweibrücker Zeitung 1871. 1900–1922. 1924–1927

Stuttgart (Institut für Auslandsbeziehungen)
America Herold. Winona, Minn. 1924–1926. 1929–1935. 1937–1939
Amerika. St. Louis, Mo. 1920–1924
Amerikanische Schweizer Zeitung. New York, NY 1933–1934
Anzeiger und Post. Lawrence, Mass. 1934–1939
Appleton Volksfreund. Appleton, Wisc. 1925–1927. 1931–1932
Arbeiterzeitung. St. Louis, Mo. 1922–1927. 1929. 1931–1932
Arkansas Echo. Little Rock, Ark. 1922–1932
Aurora und christliche Woche. Buffalo, NY 1921–1924. 1926–1927. 1929–1936
Baltimorer Correspondent. Baltimore, Md. 1923–1926. 1928. 1930–1935
Belleviller Post. Belleville, Ill. 1922–1923
Buffalo County Republikaner. Fountain City, Wisc. 1921–1923
Buffalo Volksfreund. Buffalo, NY 1920–1939
California Demokrat. San Francisco, Calif. 1923–1939
California Journal. San Francisco, Calif. 1920–1939
California Post. Fresno, Calif. 1920–1927
California Presse. Los Angeles, Calif. 1926–1930
California Staats-Zeitung. Los Angeles, Calif. 1920–1939
California Vorwärts. Fresno, Calif. 1922–1938
California Weckruf. Los Angeles, Calif. 1936–1937
Chicagoer Arbeiter-Zeitung. Chicago, Ill. 1920–1924. 1931
Chicagoer Deutsche Zeitung. Chicago, Ill. 1924–1926
Chicagoer Weckruf. Chicago, Ill. 1933–1935
Cincinnatier freie Presse. Cincinnati, Ohio 1922–1937. 1939
Columbus Herold. Columbus, Ohio 1932–1934. 1936–1939
Connecticut Staatszeitung. Hartford, Conn. 1921–1927. 1929–1939
Dakota Freie Presse. New Ulm, Minn. 1920–1931. 1933–1940
Dakota Rundschau. Winona, Minn. 1929–1932
Detroiter Abendpost. Detroit, Mich. 1922–1939

Deutsch-Amerikanische Bürgerzeitung. Chicago, Ill. 1925–1927. 1938–1939
Deutscher Volksführer. Altoona, Pa. 1923–1940
Eintracht. Chicago, Ill. 1932–1934. 1937–1939
Erie Tageblatt. Erie, Pa. 1920–1921. 1924–1931. 1933–1934
Eureka Rundschau. Eureka, Minn. 1921–1928
Florida's Deutsches Echo. Miami, Fla. 1929. 1931–1933
Fredericksburger Wochenblatt. Fredericksburg, Tex. 1922–1926. 1928. 1930–1939
Freie Presse für Texas. San Antonio, Tex. 1915. 1919–1929. 1931–1935. 1937–1938
Freie Presse Staatszeitung. Fort Wayne, ND 1919–1927
Freie Presse und wöchentliche Tribüne. Omaha, Nebr. 1923–1926
Fritsches New Ulmer Wochenblatt. New Ulm, Minn. 1928–1929
Gazette Democrat. Philadelphia, Pa. 1935–1936
General-Anzeiger. Joliet, Ill. 1922–1933
Giddings Deutsches Volksblatt. Giddings, Tex. 1921. 1923–1924. 1926–1933. 1935–1939
Gross-Daytoner Zeitung. Dayton, Ohio 1923–1937
Haus- und Bauern-Freund. Winona, Minn. 1920–1923. 1926–1927
Heimat-Bote. Chicago, Ill. 1937–1939
Heimat-Bote. Winona, Minn. 1929. 1931–1932
Illinois Staatsherold. Chicago, Ill. 1920. 1929–1931
Iowa Reform. Davenport, Iowa 1920–1927
Kansas City Presse. Kansas City, Kansas 1931–1939
Katholisches Wochenblatt. Chicago, Ill. 1931. 1933–1935
Lincoln Freie Presse. Lincoln, Nebr. 1926–1929. 1931–1933. 1938–1939
Louisviller Anzeiger. Louisville, Ky. 1922–1925. 1931
Milwaukee Deutsche Zeitung. Milwaukee, Wisc. 1933–1939
Milwaukee Herold. Milwaukee, Wisc. 1930–1932. 1937–1939
Milwaukee Sonntagspost. Milwaukee, Wisc. 1922–1929. 1931–1934. 1937
Minnehaha. St. Paul, Minn. 1927–1931
Mississippi-Blätter. St. Louis, Mo. 1923–1932
Nachrichten aus dem Nordwesten. Portland, Or. 1918–1926. 1928. 1931. 1933. 1935. 1938–1939
Nachrichten aus Deutschland und Amerika. New York, NY; Hoboken, NY 1891–1904
National Demokrat. Sheboygan, Wisc. 1931–1932
National Farmer Zeitung. Winona, Minn. 1920–1921. 1927
Nationalzeitung. Erie, Pa. 1922–1924
Neu-Braunfelser Zeitung. Neubraunfels, Tex. 1922–1940

Neue Preussische Zeitung. New York, NY 1895–1896
Neuengland Rundschau. Holyote, Mass. 1924–1926. 1928–1929. 1931
Neu Ulm Post. New Ulm, Minn. 1931–1932
New Jersey Post. Union City, NJ 1929–1931
New Yorker belletristisches Journal. New York, NY 1855–1860. 1862–1863. 1865–1870. 1872–1886. 1891–1892. 1895. 1898. 1906–1911
New Yorker Herold. New York, NY 1924–1934
New Yorker Schwaebisches Wochenblatt. New York, NY 1920–1922. 1924–1933. 1936–1939
Nordamerika. Philadelphia, Pa. 1925–1927. 1929–1933. 1936–1940
Ostfriesische Nachrichten. Breda, Iowa 1922–1924. 1927–1930. 1932. 1934–1939
Passaic Wochenblatt. Passaic, NJ 1925–1929
Peoria Sonne. Peoria, Ill. 1919. 1921. 1923–1926. 1928–1929
Philadelphia Gazette Demokrat. Philadelphia, Pa. 1923–1940
Philadelphia Herold. Philadelphia, Pa. 1925. 1927. 1929–1931. 1934–1938
Philadelphia Tageblatt. Philadelphia, Pa. 1922–1931. 1933. 1935
Plattdeutsche Post. New York, NY 1928–1929
Port Washington Zeitung. Port Washington, Wisc. 1921–1925. 1927–1928
Rochester Abendpost. Rochester. NY 1924–1940
Rundschau. Hoboken, NJ 1896. 1901–1903
Rundschau. Winona, Minn. 1928–1934. 1937. 1939
Sachsen-Zeitung. New York, NY 1894. 1896
Saginaw Journal. Saginaw, Mich. 1922–1924
Salt-Lake-City Beobachter. Salt Lake City, Utah 1921. 1923–1935
Sankt-Josefs-Blatt. St. Benedict, Ore. 1925. 1927–1933. 1935–1939
Schenectady Herold Journal. Schenectady, NY 1923–1929. 1931–1939
Seguiner Zeitung. Seguin, Tex. 1922–1931
Sheboygan Amerika. Sheboygan, Wisc. 1922–1923. 1932–1935. 1938–1939
Sheboygan Zeitung. Sheboygan, Wisc. 1922–1923
Sonntagsblatt der Abendpost. Detroit, Mich. 1923–1924. 1938–1939
Sonntagsblatt des Buffalo Volksfreund. Buffalo, NY 1935–1939
Sonntagsbote. Pittsburgh, Pa. 1921–1924. 1926–1939
Staatsherold. Chicago, Ill. 1933–1935
Süd-California Deutsche Zeitung. San Diego, Calif. 1922–1925. 1926. 1928–1931. 1933–1934. 1936. 1938–1939
Syracuse Union. Syracuse, NY 1922–1937
Tägliche Omaha Tribüne. Omaha, Nebr. 1922–1939
Tägliche Volkszeitung. St. Paul, Minn. 1922–1926
Täglicher Baltimore Correspondent. Baltimore, Md. 1936–1937

Taylor Herold. Taylor, Tex. 1932–1933. 1935–1937
Texas Herold. Taylor, Tex. 1938–1939
Toledo Express. Toledo, Ohio 1929–1939
Toledoer Sonntagszeitung. Toledo, Ohio 1929–1931
Troy Freie Presse. Troy, ND 1931–1939
Volkszeitung. Winona, Minn. 1927–1928
Vorwärts. Hillsboro, Kans. 1922–1940
Vorwärts. Milwaukee, Wisc. 1919–1932
Wacht am Sunde. Tacoma, Wash. 1922–1929
Wächter und Anzeiger. Cleveland, Ohio 1919–1940
Der Wanderer. St. Paul, Minn. 1923–1940
Washington Journal. Washington, DC 1925–1939
Washington Staatszeitung. Washington, DC 1921–1936
Die Westliche Post. St. Louis, Mo. 1924–1938
Westlicher Herold. Winona, Minn. 1920–1921
Das Wochenblatt. Austin, Tex. 1924. 1926–1933

Stuttgart (Landesarchivdirektion Baden-Württemberg)
Wertheimer wöchentliche Anzeigen und Nachrichten zum Nutzen und Vergnügen des Publici 1772–1780
Wertheimer Intelligenz-Blatt oder wöchentliche Anzeigen und Nachrichten 1781–1787
Wertheimer Intelligenz-Blatt mit hoher Samt-Herrschaften Gnädigster Concession 1790–1805
Wertheimer Regierungs- und Intelligenzblatt 1807
Löwenstein-Wertheimisches Gemeinschaftliches Bezirksblatt 1808–1842
Der Main- und Tauberbote – ein Intelligenzblatt für Wertheim und Umgegend 1843–1869
Wertheimer Zeitung 1869–1941
Volksgemeinschaft Heidelberger Beobachter 1843–1945
Fränkische Nachrichten. Wertheimer Tagblatt 1946–1950

Trier (Stadtbibliothek/Stadtarchiv)
Saar- und Moselzeitung. Trier 1848–1853
Neue Trier'sche Zeitung 1853–1854
Trierische Zeitung 1854–1919
Trierische Landeszeitung 1875–1943
Trierer Nationalblatt 1930–1934
Nationalblatt 1934–1944
Trierisches Intelligenzblatt 1845–1848

Trierisches Wochenblättgen 1758–1789
Trierisches Wochenblatt 1789–1798
Der Trier Ankündiger 1798–1803
Trierisches Offizielles Blatt 1803–1804
Journal des Saar-Departements 1804–1814
Trierische Zeitung 1814–1830
Trier'sche Zeitung 1830–1851
Volkswacht 1919–1933

Uslar (Stadtarchiv)
Sollinger Nachrichten 1864. 1885. 1895–1916. 1919–1943. 1949–1950

Würzburg (Stadtarchiv)
Würzburger Generalanzeiger 1890–1892. 1894–1941

Zweibrücken (Staatliches Herzog-Wolfgang-Gymnasium – Bibliotheca Bipontina)
Gazette des Deux-Ponts. Zweibrücken 1777–1789

Aufgaben für die Zukunft

Für die künftige Planung einzelner Institutionen muß es darauf ankommen, ein hohes Maß an Koordination und Kooperation zu erreichen. Aus diesem Grunde sollten sich Bibliotheken und Archive verschiedenster Träger auf lokaler, regionaler und überregionaler Basis untereinander abstimmen, um für das jeweilige Verfilmungsprojekt die bestmögliche Basis zu finden. Der bisherige Verlauf des Programms hat gezeigt, daß es nahezu in allen Bundesländern ein entsprechendes Interesse an der Verfilmung von Zeitungen gibt. Die bisherige Entwicklung hat jedoch auch gezeigt, daß sich der Markt, d.h. die Firmen, die sich auf die Verfilmung von Zeitungen spezialisiert haben, allem Anschein nach noch intensiver auf die veränderte Situation einstellen sollten, in der die Verfilmung von Literatur allgemein zum Ziele von *Conservation* und *Preservation* eine zunehmende Rolle in der bibliothekarischen Praxis der Zukunft nehmen wird. Es genügt leider nicht, daß Programme installiert und Mittel für einzelne Projekte bewilligt werden, wenn die Firmen der verstärkten Auftragslage nicht ihrerseits mit zusätzlichen Investitionen Rechnung tragen. Konservierung und Präservierung bedeuten für die Bibliotheken und Archive nicht zuletzt Innovation im methodischen Bereich, für die Industrie müßte diese Zukunftsplanung neben Innovation auch Investition bedeuten. In diesem Rahmen könnte die Verfilmung von Zeitungen zur Erhaltung der Originale und zur gleichzeitigen Verbesserung der Literaturversorgung als exemplarisch für künftige bibliothekarische Aufgaben angesehen werden, auch wenn sie sich auf „nur“ auf eine Bestandsgruppe in Bibliotheken bezieht.

Anhänge

ANHANG 1

Zur Vorbereitung, Planung und Durchführung von Zeitungsverfilmungen

a) Muster für Ausschreibungen

Firma

Ihr Zeichen	Ihre Nachricht vom	Unser Zeichen	Sachbearbeiter	Durchwahl	Datum

Betr.: Ausschreibung der Zeitungsmikroverfilmung

Sehr geehrte Damen und Herren,

wir bitten Sie, über die unten näher bezeichneten Leistungen ein schriftliches Angebot abzugeben. Dazu ist das beiliegende 2. Exemplar dieser Ausschreibung sorgfältig auszufüllen und zu unterschreiben.
Die Stadtbibliothek ... möchte den vorhandenen Zeitungsbestand verfilmen lassen. Es handelt sich um ca. ... Bände, meist vierteljahresweise zusammengebunden. Eine Übersicht legen wir Ihnen bei.
Die Einreichungsfrist beträgt 14 Tage ab Eingang des Schreibens bei Ihnen.

I. Preisbestimmung
Wir bitten Sie, Ihre Angebote wie folgt abzugeben:
a) den Preis je Originalfilmaufnahme einschließlich aller für die Originalverfilmung und die Konfektionierung anfallenden Nebenkosten . . . . DM
b) den Preis einer Rolle Duplikatfilm einschließlich aller Nebenkosten . . DM

II. Vertragsbedingungen
Neben den allgemeinen Bedingungen für die Ausführung von Leistungen – VOL/B – werden folgende besondere Bedingungen vereinbart:

1. Die Zeitungen sind gemäß unseren Einzelanweisungen und, soweit wir nichts anderes vorschreiben, unter Einhaltung folgender Richtlinien zu verfilmen:
   a) DIN 19 057 Verfilmung von Zeitungen. Berlin: Beuth 1976 (einschließlich der darin aufgeführten weiteren Normen)
   b) DIN 19 070 Haltbarkeit verarbeiteter strahlungsempfindlicher Materialien. Teil 1, 2 und 5, Berlin: Beuth 1978 und 1981.
   c) Richtlinien für die Mikroverfilmung von Zeitungen. Dortmund: Mikrofilmarchiv der deutschsprachigen Presse e. V. 1973.
2. Herzustellen ist auf 35 mm unperforiertem Rollfilm in hoher Qualität und optimaler Lese- und Rückvergrößerungsmöglichkeit je ein Originalfilm (Negativ-Silberfilm auf Polyesterbasis) von 65,5 m Länge und zwei Duplikatnegative (Diazofilm auf Polyesterbasis in schwarzem Farbton) von jeweils 30,5 m Länge. Der Thiosulfat-Restbestand auf dem Originalfilm darf den Wert von 7 mg/m^2 nicht überschreiten.
3. Jede Aufnahme soll zwei Zeitungsseiten umfassen und das Schwärzungsfeld höchstens 32 mm mal 45 mm groß sein.
4. Die Zeitungen sind chronologisch und vollständig zu verfilmen. Zwischen die einzelnen Monate sind als Trennungszeichen die Monatsnamen einzufügen.
5. Es ist ein ausführliches Filmprotokoll anzufertigen. Darin sollen fehlende Ausgaben oder Seiten erfaßt, sowie Unzulänglichkeiten im Text durch entsprechende Symbole gekennzeichnet werden.
6. Das Filmmaterial ist möglichst auszunutzen durch fortlaufende Verfilmung ohne Rücksicht auf Monats- und Wochengrenzen. Die Seiten der Zeitung eines Tages müssen sich aber alle auf einer 30,5-m-Rolle befinden. Jedes Jahrgangsende muß gleichzeitig Rollenende sein. Weder Originalfilm noch Duplikatnegative dürfen einschließlich Umwicklung über den Spulenrand hinausragen. Jedes 30,5-Duplikatnegativ muß am Anfang und am Ende jeweils mindestens 500 mm unbelichteten Film (Leerfilm) aufweisen; dies bedeutet, daß der 65,5-m-Originalfilm in seiner Mitte einen Nachspann, einen Leerfilm, einen weiteren Leerfilm und einen Vorspann enthält.
7. Jeder Vorspann soll enthalten:
   a) das Bildzeichen Rollenanfang nach DIN 30 600 Bl. 1675;
   b) auf einer Aufnahme:
      – den vollständigen Titel, Verlagsort und Erscheinungszeitraum der verfilmten Zeitungen (mit bloßem Auge lesbar). Die Angabe des Erscheinungszeitraums besteht aus dem Datum des Beginns, worauf nach einem Gedankenstrich der Vermerk folgt: siehe Filmnachspann und Behälterbeschriftung;

- die Angabe STADTBIBLIOTHEK … (mit bloßem Auge lesbar);
- den Namen der Verfilmungsfirma;
- das Aufnahmedatum;
- die Filmnummer. Die beiden Hälften des 65,5-mm-Originalfilms werden einzeln gezählt;

c) auf einer Aufnahme:
- die Testanordnung (Testtafel) nach DIN 19 051 Bl. 1–3, einschließlich des mit bloßem Auge lesbaren Verkleinerungsfaktors.

8. Der Nachspann soll die Angaben des Vorspanns in umgekehrter Reihenfolge enthalten. Das Ende des jeweiligen Erscheinungszeitraums ist hier jedoch mit Datum anzugeben. Der Film muß mit dem Bildzeichen Rollenende nach DIN 30 600 Bl. 1676 abschließen.
9. Die Originalfilme werden mit Leinen- oder holzfreien Kartonstreifen und mit Hanffaden umwickelt und in korrosionsgeschützen Metalldosen sowie Faltschachteln oder in Kunststoffbehältern verpackt. Die Faltschachteln bzw. Kunststoffbehälter müssen mit dem vollständigen Zeitungstitel und dem verfilmten Zeitraum auf einer Schmalseite beschriftet sein. Diese muß außerdem die vom Verfilmer zu vergebenden Nummern aufweisen.
10. Die Duplikatfilme werden ebenfalls mit Karton- oder Leinenband und mit Hanffaden umwickelt und in Kunststoffdosen nach DIN 19 070 T. 3 verpackt. Diese müssen wie die oben angeführten Faltschachteln bzw. Kunststoffbehälter beschriftet sein.
11. Die Transportkosten gehen zu Lasten des Auftragnehmers. Der Postversand ist ausgeschlossen.
12. Bei wiederholten Verstößen gegen die Ausschreibungsbedingungen ist die Stadtbibliothek … berechtigt, vom Vertrag zurückzutreten oder Schadensersatz wegen Nichterfüllung zu verlangen. Auf § 9 Nr. 2 Abs. 4 VOL/B wird besonders hingewiesen.

Mit Ihrer Unterschrift auf dem beigefügten Zweitexemplar dieser Ausschreibung erkennen Sie alle in den Abschnitten I–II enthaltenen Bedingungen an und erklären, daß Sie sich an Ihre Angebote für den an Sie ergehenden Auftrag zur Verfilmung der auf der beiliegenden Übersicht angegebenen Zeitungen halten werden.

Mit freundlichen Grüßen

Unterschrift des Bieters und
vollständige Anschrift mit Datum

b) Praktische Empfehlungen zur Durchführung von Zeitungsverfilmungen[32]

1. Filmlänge

Die genormten Filmspulen sind so ausgelegt, daß sie neben einem Vor- und einem Nachspann, der zweckmäßigerweise eine Länge von 70 bis 100 cm nicht überschreiten sollte, 30 Meter belichteten Film enthalten. Darauf sind in der üblichen Bildlage 2 B (Vollschritt/Doppelseiten), 600 bis 650 Aufnahmen unterzubringen. Jede Aufnahme enthält zwei Zeitungsseiten. Die Rolle soll gut gefüllt sein, damit nicht mehr Rollen angelegt werden, als nach Umfang eines Verfilmungsvorhabens erforderlich ist.

2. Zu den Schnittstellen

Die Schnittstellen bei der Einteilung auf die Filmrollen sollen bibliographisch sinnvoll angelegt werden. Dabei ist darauf zu achten, daß nicht zu viele sehr kurze Rollen entstehen, weil das wiederum ein Verschenken von Magazinraum bedeutete. Die kleinste bibliographische Einheit, die nicht getrennt werden darf, ist die Ausgabe. Bei täglich mehrmaligem Erscheinen einer Zeitung sollten die Ausgaben eines Tages jeweils auf einer Rolle untergebracht werden. Das gleiche gilt für das Auftreten von Beilagen, die zu der Zeitung gehören, mit der sie ausgeliefert wurden, und auch damit zusammen verfilmt werden sollten (gelegentlich werden Beilagen, insbesondere wenn sie einen eigenen Titel führen, separat verfilmt oder am Schluß eines Jahrgangs: Beispiel „Zeitmagazin", „FAZ-Magazin", „Welt der Literatur"). Die bibliographische Einheit *Erscheinungsmonat* ist unzweckmäßig, da in den meisten Fällen dann viel zu viele kurze Rollen entstehen. Die bibliographische Einheit *Jahr* wird von der Internationalen Normorganisation angestrebt und sollte dann verwirklicht werden, wenn nur wenige kurze Rollen die Folge sind. Eine Titelaufnahme von Mikrofilmen für Kataloge ist auch in eindeutiger, unkomplizierter Weise möglich, wenn die Verfilmung jahrgangsübergreifend ist.

3. Ausstattung der Mikrofilmrollen

a) Silberfilme (Originale)

Der Originalsilberfilm soll auf einer Kunststoffspule in einer Metall- oder Kunststoffdose geliefert werden. Der verwendete Kunststoff soll säurefrei und frei von Weichmachern sein. Die Dose soll den Staub abhalten. Dem selben Zweck dient das Umlegen einer Banderole um den aufgespulten Film. Sie bewirkt, daß der Film eng anliegend gerollt bleibt, auch wenn er versandt wird, und mithin wenig Staub eindringen kann. Die Banderole soll aus säurefreiem

[32] Diese auf praktischen Erfahrungen beruhenden Hinweise wurden auf Bitten des DFG-Unterausschusses für die Verfilmung historisch wertvoller Zeitungen von Herrn Dr. Hans Bohrmann (Dortmund) ausgearbeitet. Ihm sei auch an dieser Stelle nochmals herzlich gedankt.

Karton hergestellt werden. Sie soll mit einer Öse aus nicht rostendem Metall (Messing) ausgestattet und mit einem Hanffaden zusammengehalten werden. Die Metall- oder Kunststoffdose wird, da sie aufgrund ihrer Form wenig geeignet ist, in den genormten Stahlschränken untergebracht zu werden, und weil sie auch sonst unpraktisch wegrollt, in einen quadratischen Faltkarton gesteckt, der die Dose möglichst eng umschließen soll, damit wenig Raum im Stahlschrank verbraucht wird. Die Dose und die Faltschachtel sind einheitlich zu beschriften, wobei Titel, ggf. Erscheinungsort (zur Differenzierung bei gleichem Titel, aber unterschiedlichem Erscheinungsort) und der auf der Rolle befindliche Verfilmungszeitraum ausreichen. Auf der Fläche „weitere Angaben" können ggf. Titel von Beilagen, größere Lücken etc. untergebracht werden.

b) Duplikatfilme (Diazo)

Die Ausstattung folgt denen der Silberfilme bis auf zwei Punkte:
Die Dosen und die Banderolen sind nicht erforderlich. Anstelle der Banderole wird ein adhäsiv wirkendes Kunststoffbändchen benutzt (das säurefrei sein sollte und auch keine Weichmacher enthalten darf). Die Spule wird dann direkt in die Faltschachtel gesteckt.

4. Zusammenfilmen verschiedener Bestände

Bei der Zeitungsverfilmung treten regelmäßig fehlende Nummern oder beschädigte Seiten auf. Um in solchen Fällen zur Komplettierung beizutragen, gibt es zwei Möglichkeiten:

a) Das Beschaffen mehrerer, einander ergänzender Bände. Diese werden so verfilmt, daß, von einem möglichst vollständigen Band ausgehend, dieser bis zur Fehlstelle aufgenommen wird, dann die jeweils anderen herangezogen werden, so daß ein kompletter Film entsteht.

b) Es erfolgt zunächst die Aufnahme eines möglichst kompletten Bestandes; aber wo Nummern fehlen, werden die von DIN vorgeschlagenen optischen Zeichen eingeblendet, d.h. auf einer Aufnahme bleibt eine Seite – die Hälfte einer Aufnahme – frei. Diese Arbeitsweise ermöglicht auf der freigebliebenen Seite einen einwandfreien Schnitt zum technisch einwandfreien Einkleben ergänzender Verfilmungen.

5. Vorspann

Der Vorspann enthält die in der Norm genannten Felder. Besonders wichtig ist der mit bloßem Auge lesbare Titel plus Verfilmungszeitraum, der sich auf der Rolle befindet. Dazu ist es erforderlich, auf einer entsprechenden Stecktafel genügend große Buchstaben und Zahlen miteinander zu kombinieren. Maschinenschriftliche oder gar handschriftliche Arbeitszettel eines Fotolaboranten reichen für diesen Zweck keinesfalls hin. Es sollte auch im Einzelfall überlegt werden, ob im Vorspann auch der Besitzer des Films, der sich ggf. Urheberrechte vorbehält, genannt werden soll.

Der Nachspann soll dieselben Elemente enthalten wie der Vorspann, aber in umgekehrter Reihenfolge fotografiert sein. Das hat den Vorteil, daß der Film nicht nach jeder Benutzung zurückgespult werden muß, d. h. er kann von jeder Seite in gleicher Weise angegangen werden. Das ist bei Zeitungen insbesondere deswegen wichtig, weil in der Benutzung sehr unterschiedliche Nummern einer Zeitung gefragt werden, nur in wenigen Fällen eine Zeitung chronologisch von A bis Z gebraucht wird. Es kann also durchaus sein, daß der Benutzer A eine Nummer im vorderen Teil des Filmes, der Benutzer B eine Nummer im hinteren Teil des Filmes braucht, so daß das den Film belastende ständige Hin- und Rückspulen bei der vorgeschlagenen Verfahrensweise reduziert werden kann.

6. Filmprotokoll

Das Filmprotokoll soll, auf die Rolle bezogen, die Erscheinungsdaten, ggf. den Jahrgang, wichtiger allerdings die Nummern und Anmerkungen enthalten. Mikrofilmregister bedeutet also nicht handschriftliche Auftragszettel zusammenzukopieren. Dort ist die Übersicht außerordentlich schwierig, wobei die handschriftlichen Zettel der Laboranten zusätzlich noch schwer zu lesen sind. Die Herstellung eines solchen Mikrofilmregisters, das auch die Herkunft der Originalbestände und den Zeitpunkt der Verfilmung nennen sollte, ist für die Handhabung einer Verfilmung bei der Titelaufnahme, aber auch in der Auskunft unentbehrlich.

7. Verfilmungsrechte

Da nach geltendem deutschen Urheberrecht zwei Jahre nach Erscheinen eine Zeitung als vergriffen gilt, also nachgedruckt oder auch verfilmt werden kann, ohne daß Rechte anderer verletzt werden, ist zu sichern, daß derjenige, der die Herstellung des Originalfilms bezahlt und diesen deshalb zu seinem Vermögen rechnet, nicht dadurch geschädigt wird, daß der Verfilmer sich ein technisch kaum vom Original zu unterscheidendes Duplikat zieht und von diesem auf eigene Rechnung, ohne Beteiligung des Financiers der Verfilmung, Kopien an Dritte verkauft. Da die technische Möglichkeit zu diesem Verfahren ohne weiteres gegeben ist und kaum – es sei denn auf der Basis von Vertrauen – unterbunden werden kann, sollte die Auftragsvergabe an eine Verfilmungsfirma ausdrücklich den Vorbehalt der Rechte beinhalten.

Die DIN-Norm 19057 ist im Beuth-Verlag in Berlin erschienen und über den Buchhandel erhältlich.

ANHANG 2

Alphabetisches Register der Titel, die im Rahmen der Förderprogramme der Deutschen Forschungsgemeinschaft verfilmt wurden (Stand Herbst 1987)

In dem Register werden die Titel der verfilmten Zeitungen sowie die Standorte der Zeitungsoriginale, d.h. damit auch der Institutionen aufgeführt, die das jeweilige Projekt betrieben haben. Das Register erschließt die beiden Listen im Hauptteil, in denen sich weiterführende Angaben zu einzelnen Zeitungstiteln finden.

Zeitungstitel	**Institution**
Aachener Anzeiger	Öffentliche Bibliothek Aachen
Aachener Anzeiger – Politisches Tageblatt	Öffentliche Bibliothek Aachen
Aachener Zeitung	Öffentliche Bibliothek Aachen
Abend-Zeitung. Dresden	Staats- und Universitätsbibliothek Bremen
Abwehr. Warnsdorf	Institut für Auslandsbeziehungen Stuttgart
Agnethler Wochenblatt. Agnetheln	Institut für Auslandsbeziehungen Stuttgart
Der Alemanne. Kampfblatt der Nationalsozialisten Oberbadens. Freiburg	Universitätsbibliothek Freiburg
Aller-Zeitung	Hochschulbibliothek Lüneburg
Allerneueste Europäische Welt- und Staats-Geschichte. Erfurt	Staats- und Universitätsbibliothek Bremen
Allgemeine Arbeiterzeitung. Budapest	Staats- und Universitätsbibliothek Bremen
Allgemeine Auswanderungs-Zeitung. Rudolstadt	Staats- und Universitätsbibliothek Bremen
Allgemeine Lauenburgische Landeszeitung. Lauenburg/Elbe	Kreisarchiv des Kreises Herzogtum Lauenburg
Allgemeine Oder-Zeitung (Neue Oder-Zeitung). Breslau	Staats- und Universitätsbibliothek Bremen

Allgemeine Sonntagszeitung. Düsseldorf, Würzburg	Universitätsbibliothek Düsseldorf
Allgemeine Wochen-Chronik. Bremen	Staats- und Universitätsbibliothek Bremen
Allgemeine Zeitung. Stuttgart, Ulm, Augsburg, München	Universitätsbibliothek Düsseldorf
Allgemeine Zeitung des Juden-t(h)ums. Leipzig	Staats- und Universitätsbibliothek Bremen
Allgemeine Zeitung für die Lüneburger Heide	Hochschulbibliothek Lüneburg
Allgemeiner Anzeiger und Nationalzeitung der Deutschen. Gotha	Landesbibliothek Coburg
Allgemeiner Anzeiger für Allendorf-Bad Sooden und Umgebung	Gesamthochschulbibliothek Kassel
Allgemeiner Anzeiger für die Amtsbezirke Hess. Lichtenau	Universitätsbibliothek Marburg
America Herold. Winona, Minn.	Institut für Auslandsbeziehungen Stuttgart
Amerika. St. Louis, Mo.	Institut für Auslandsbeziehungen Stuttgart
Amerikanische Schweizer Zeitung. New York, NY.	Institut für Auslandsbeziehungen Stuttgart
Allgemeiner Arbeiter-Kalender. Budapest	Staats- und Universitätsbibliothek Bremen
Allgemeines Friedberger Wochenblatt für Stadt- und Landleute	Stadtarchiv Friedberg
L'Alsace. Mulhouse	Stadt- und Universitätsbibliothek Frankfurt
L'Alsacien	Stadt- und Universitätsbibliothek Frankfurt
L'Alsacien-Lorrain	Stadt- und Universitätsbibliothek Frankfurt
Altes und Neues Pommerland. Stargard	Stadt- und Universitätsbibliothek Frankfurt
D'r Alt Offeburger	Stadtarchiv Offenburg
Altonaer Nachrichten	Staats- und Universitätsbibliothek Hamburg
Altonaischer Mercurius. Altona	Staats- und Universitätsbibliothek Bremen

Amtliche Bekanntmachungen der Stadtverwaltung Friedberg; Oberhessischer Anzeiger, Neue Tageszeitung. Amtliche Bekanntmachungen des Landrates des Landkreises Friedberg und der Stadtverwaltung Friedberg; Amtliche Bekanntmachungen des Landrates des Landkreises und der Stadtverwaltung Friedberg in Hessen. Ausgabe Friedberg; Amtliche Bekanntmachungen/ hrsg. vom Landrat des Landkreises Friedberg	Stadtarchiv Friedberg
Amtliches Kreisblatt des Königsberger Landkreises. Königsberg	Staats- und Universitätsbibliothek Bremen
Amtsblatt der Königlichen Litthauischen Regierung. Gumbinnen	Staats- und Universitätsbibliothek Bremen
Amts-Blatt der Königlichen Ostpreußischen (1830: Preußischen) Regierung Königsberg	Staats- und Universitätsbibliothek Bremen
Amtsblatt der Königlichen Regierung zu Allenstein. Allenstein	Staats- und Universitätsbibliothek Bremen
Amts- und Intelligenzblatt für den Oberamtsbezirk Balingen	Stadtarchiv Balingen
Amts- und Intelligenzblatt für den Oberamtsbezirk Herrenberg	Stadtarchiv Herrenberg
Amts-, Intelligenz- und Unterhaltungsblatt für den Oberamtsbezirk Herrenberg	Stadtarchiv Herrenberg
Angestellten-Zeitung (Teplitz-Schönau)	Institut für Auslandsbeziehungen Stuttgart
Annoncen-Blatt der Stadt Marburg	Universitätsbibliothek Marburg
Anzeige-Blatt. Speyer	Pfälzische Landesbibliothek Speyer
Der Anzeiger (Der Reichsanzeiger, Kaiserlich priviligirter Reichs-Anzeiger, Allgemeiner Anzeiger der Deutschen, Allgemeiner Anzeiger und National-Zeitung der Deutschen). Gotha	Staats- und Universitätsbibliothek Bremen

Der Anzeiger für Hemelingen und die Bremer südöstlichen Vororte Hastedt, Sebaldsbrück und Osterholz. Bremen	Staats- und Universitätsbibliothek Bremen
Anzeiger für Oberhessen. Friedberger Intelligenzblatt	Stadtarchiv Friedberg
Anzeiger und Post. Lawrence, Mass.	Institut für Auslandsbeziehungen Stuttgart
Appleton Volksfreund. Appleton, Wisc.	Institut für Auslandsbeziehungen Stuttgart
Arader Zeitung	Institut für Auslandsbeziehungen Stuttgart
Arbeiter. Budapest	Staats- und Universitätsbibliothek Bremen
Arbeiter-Chronik. Nürnberg	Staats- und Universitätsbibliothek Bremen
Arbeitertum. Berlin, München	Staats- und Universitätsbibliothek Bremen
Arbeiter-Zeitung. St. Louis, Mo.	Institut für Auslandsbeziehungen Stuttgart
Arbeiter-Wochen-Chronik. Budapest	Staats- und Universitätsbibliothek Bremen
Der Arbeiter-Fotograf. Berlin	Staats- und Universitätsbibliothek Bremen
Arbeiterpolitik (Hrsg. K. P. Tsch-Opposition)	Staats- und Universitätsbibliothek Bremen
Arbeiterpolitik. Bremen	Staats- und Universitätsbibliothek Bremen
Arbeiterpolitik. Prag	Institut für Auslandsbeziehungen Stuttgart
Arbeiterpolitik. Organ der Kommunistischen Partei-Opposition Elsass (Sektion der IVKO). Strasbourg	Staats- und Universitätsbibliothek Bremen
Arbeiterpresse. Budapest	Staats- und Universitätsbibliothek Bremen
Arbeiter-Tribüne. Stuttgart	Staats- und Universitätsbibliothek Bremen
Arbeiterzeitung. Temeswar	Institut für Auslandsbeziehungen Stuttgart

Arbeiter-Zeitung. Bremen	Staats- und Universitätsbibliothek Bremen
Arbeiter-Zeitung. New York	Staats- und Universitätsbibliothek Bremen
Arbeiter-Zeitung. St. Louis	Staats- und Universitätsbibliothek Bremen
Der Arbeitgeber. Frankfurt a. M.	Staats- und Universitätsbibliothek Bremen
Argus. Bukarest	Institut für Auslandsbeziehungen Stuttgart
Arkansas Echo. Little Rock, Ark.	Institut für Auslandsbeziehungen Stuttgart
Der arme Konrad. Berlin	Staats- und Universitätsbibliothek Bremen
Der arme Konrad. Kalender für das arme Volk. München	Staats- und Universitätsbibliothek Bremen
Der arme Teufel. Detroit	Staats- und Universitätsbibliothek Bremen
Ascher-Zeitung. Asch (Aš)	Institut für Auslandsbeziehungen Stuttgart
Aufwärts. Düsseldorf	Universitätsbibliothek Düsseldorf
Aussiger Tagblatt	Institut für Auslandsbeziehungen Stuttgart
Augsburger Volkszeitung	Bibliothek des Archivs der sozialen Demokratie Bonn
Augsburgisch-Wöchentlicher Kern der Curiositäten. Augsburg	Staats- und Universitätsbibliothek Bremen
Augsburgische Postzeitung. Augsburg	Staats- und Universitätsbibliothek Bremen
Aurora und christliche Woche. Buffalo, NY	Institut für Auslandsbeziehungen Stuttgart
Bade-Anzeiger für Sooden u. d. Werra	Gesamthochschulbibliothek Kassel
Badener Tagblatt	Stadtbibliothek Baden-Baden
Badische Landespost. Karlsruhe	Badische Landesbibliothek Karlsruhe
Badische Landeszeitung. Karlsruhe	Badische Landesbibliothek Karlsruhe
Badische Post. Karlsruhe	Badische Landesbibliothek Karlsruhe

Badische Post. Karlsruhe	Universitätsbibliothek Heidelberg
Badische Presse. Karlsruhe	Badische Landesbibliothek Karlsruhe
Badische Warte. Karlsruhe	Badische Landesbibliothek Karlsruhe
Badische Zeitung	Badische Landesbibliothek Karlsruhe
Badischer Beobachter. Karlsruhe	Badische Landesbibliothek Karlsruhe
Badischer Landesbote. Karlsruhe	Badische Landesbibliothek Karlsruhe
Baierische National-Zeitung. München	Staats- und Universitätsbibliothek Bremen
Balinger Volksfreund. Heimatzeitung für Balingen und Umgebung	Stadtarchiv Balingen
Baltimorer Correspondent. Baltimore, Md.	Institut für Auslandsbeziehungen Stuttgart
Banater Bauernblatt. Temeswar	Institut für Auslandsbeziehungen Stuttgart
Banater Bote. Temeswar	Institut für Auslandsbeziehungen Stuttgart
Banater Deutsche Zeitung. Temeswar	Institut für Auslandsbeziehungen Stuttgart
Banater Tagblatt. Temeswar	Institut für Auslandsbeziehungen Stuttgart
Banater Volksblatt. Lovrin	Institut für Auslandsbeziehungen Stuttgart
Bayreuther Zeitungen (Bayreuther Zeitung). Bayreuth	Staats- und Universitätsbibliothek Bremen
Bayerische Arbeiterzeitung. Organ der Kommunistischen Partei Deutschlands. Augsburg	Bibliothek des Archivs der sozialen Demokratie
Der Bayersche Landbote. München	Bayerische Staatsbibliothek München
Der Bayer'sche Landbote. München	Bayerische Staatsbibliothek München
Der Bayerische Landbote. München	Bayerische Staatsbibliothek München
Bayerische Landeszeitung. München, Würzburg	Bayerische Staatsbibliothek München

Das Bayerische Vaterland. München	Bayerische Staatsbibliothek München
Bayerische Zeitung. München	Bayerische Staatsbibliothek München
Bayrische Staatszeitung. München	Bayerische Staatsbibliothek München
Bebraer Tageblatt	Universitätsbibliothek Marburg
Bebraer Zeitung	Universitätsbibliothek Marburg
Beiblatt zum Friedberger Intelligenzblatt	Stadtarchiv Friedberg
Beiblatt zur Deutschen Auswanderer-Zeitung: Anzeiger für Amerikanische Fonds. Bremen	Staats- und Universitätsbibliothek Bremen
Belleviller Post. Belleville, Ill.	Institut für Auslandsbeziehungen Stuttgart
Benrather Tageblatt	Universitätsbibliothek Düsseldorf
Benrather Zeitung	Universitätsbibliothek Düsseldorf
Der Beobachter	Württemberigsche Landesbibliothek Stuttgart
Der Beobachter an der Losse	Universitätsbibliothek Marburg
Bergische Post. Solingen	Stadtarchiv Solingen
Bergische Volksstimme	Stadtarchiv Remscheid
Bergischer Beobachter	Stadtarchiv Remscheid
Bergisches Volksblatt. Solingen	Stadtarchiv Solingen
Berlinische Privilegierte Zeitung … Vossische Zeitung. Berlin	Staats- und Universitätsbibliothek Bremen
Bessarabischer Beobachter	Institut für Auslandsbeziehungen Stuttgart
Betriebszeitung der Bremer Straßenbahn A.G. und Bremer Vorortbahnen GmbH. Bremen	Staats- und Universitätsbibliothek Bremen
Bielefelder Generalanzeiger	Stadtarchiv u. Landesgeschichtliche Bibliothek Bielefeld
Bielefelder Volkszeitung	Stadtarchiv u. Landesgeschichtliche Bibliothek Bielefeld
Bistritzer Deutsche Zeitung	Institut für Auslandsbeziehungen Stuttgart
Blätter für Alle. Berlin	Staats- und Universitätsbibliothek Bremen

Blätter vermischten Inhalts. Oldenburg	Staats- und Universitätsbibliothek Bremen
Blick in die Zeit. Pressestimmen des In- und Auslandes zur Wirtschaft, Politik und Kultur. Berlin	Staats- und Universitätsbibliothek Bremen
Blick in die Zeit nach der Schrift. Bremen	Staats- und Universitätsbibliothek Bremen
Der Blockadebrecher. Bremen	Staats- und Universitätsbibliothek Bremen
Bochumer Zeitung. Märkischer Sprecher	Stadtarchiv Bochum
Böhme-Zeitung. Soltau	Hochschulbibliothek Lüneburg
Boesmann's Telegraphisches Bureau. Bremen	Staats- und Universitätsbibliothek Bremen
Bogsaner Zeitung	Institut für Auslandsbeziehungen Stuttgart
Borkener Zeitung	Universitätsbibliothek Marburg
Der Bote aus dem Riesengebirge. Hirschberg	Staats- und Universitätsbibliothek Bremen
Bote aus der Heimat. Straßburg	Stadt- und Universitätsbibliothek Frankfurt
Der Bote aus Thüringen. Schnepfenthal	Staats- und Universitätsbibliothek Bremen
Breisgauer Bote	Universitätsbibliothek Freiburg
Bremer Abendblatt für Gemeinnütziges und Erheiterndes. Bremen	Staats- und Universitätsbibliothek Bremen
Bremer Arbeiter-Zeitung. Bremen	Staats- und Universitätsbibliothek Bremen
Bremer Beobachter. Volkstümlich-politische Blätter in zwangsloser Folge. Bremen	Staats- und Universitätsbibliothek Bremen
Bremer Blätter für Jedermann. Bremen	Staats- und Universitätsbibliothek Bremen
Bremer Bote. Bremen	Staats- und Universitätsbibliothek Bremen
Bremer Freie Zeitung. Bremen	Staats- und Universitätsbibliothek Bremen
Bremer Fremden- und Anzeige-Blatt. Bremen	Staats- und Universitätsbibliothek Bremen

Bremer Fremdenblatt. Verbunden mit einem Communications- und Tages-Kalender. Bremen	Staats- und Universitätsbibliothek Bremen
Bremer General-Anzeiger. Bremen	Staats- und Universitätsbibliothek Bremen
Bremer Handel-Zeitung. Bremen	Staats- und Universitätsbibliothek Bremen
Bremer Hausfrauen-Zeitung. Bremen	Staats- und Universitätsbibliothek Bremen
Bremer illustrierte Woche. Bremen	Staats- und Universitätsbibliothek Bremen
Bremer Journal. Bremen	Staats- und Universitätsbibliothek Bremen
Bremer Morgenpost (ab 20. 8. 1865 u.d.T.: Morgenpost). Bremen	Staats- und Universitätsbibliothek Bremen
Bremer Nachrichten. Bremen	Staats- und Universitätsbibliothek Bremen
Bremer Natinalsozialistische Zeitung (Bremer Zeitung). Bremen	Staats- und Universitätsbibliothek Bremen
Bremer Sonntagsblatt. Ein Original-Beitrag f. d. religiöse Leben unserer Zeit. Bremen	Staats- und Universitätsbibliothek Bremen
Bremer Sonntagsblatt. Hrsg.: H. Strack. Bremen	Staats- und Universitätsbibliothek Bremen
Bremer Tageblatt. Unabhängige Zeitung für Bremen und Nordwestdeutschland. Bremen	Staats- und Universitätsbibliothek Bremen
Bremer Tageblatt. Bremen	Staats- und Universitätsbibliothek Bremen
Bremer Tageblatt. Unparteiisches Organ für Jedermann. Bremen	Staats- und Universitätsbibliothek Bremen
Bremer Telegraph. Eine Zeitschrift zur Mittheilung des Neuen und Interessanten. Bremen	Staats- und Universitätsbibliothek Bremen
Bremer Volksblatt (ab 6. 4. 1875 u.d.T.: Volks-Blatt). Bremen	Staats- und Universitätsbibliothek Bremen
Bremer Volks-Zeitung. Bremen	Staats- und Universitätsbibliothek Bremen
Bremer Wochen-Schrift. Bremen	Staats- und Universitätsbibliothek Bremen

Bremer Zeitung (ab 1. 1. 1846 u.d.T.: Bremer Zeitung für Politik, Handel und Literatur). Bremen	Staats- und Universitätsbibliothek Bremen
Bremer Zeitung (Spätere Titel: Norddeutsche Rundschau, Nationale Rundschau, Neue Bremer Zeitung, Bremer Zeitung). Bremen	Staats- und Universitätsbibliothek Bremen
Bremervörder Zeitung	Hochschulbibliothek Lüneburg
Bremische Blätter für Unterhaltung, Belehrung und Witz. Bremen	Staats- und Universitätsbibliothek Bremen
Bremische Correspondenz. Bremen	Staats- und Universitätsbibliothek Bremen
Bremische Polizeibeamten-Zeitung. Organ des Landesverbandes der bremischen Polizeibeamten e. V. Bremen	Staats- und Universitätsbibliothek Bremen
Bremischer Beobachter (ab 1. 1. 1853 u.d.T.: Bremer Beobachter). Bremen	Staats- und Universitätsbibliothek Bremen
Bremischer Volksfreund. Bremen	Staats- und Universitätsbibliothek Bremen
Bremisches Conversationsblatt. Bremen	Staats- und Universitätsbibliothek Bremen
Bremisches Magazin. Bremen	Staats- und Universitätsbibliothek Bremen
Bremisches Volksblatt (ab 1. 1. 1841 u.d.T.: Bremisches Unterhaltungsblatt. Ein Volksblatt). Bremen	Staats- und Universitätsbibliothek Bremen
Brenndorfer Nachrichten	Institut für Auslandsbeziehungen Stuttgart
Breslauer Anzeiger (Kleine Morgenzeitung. Morgenzeitung. Breslauer Morgenzeitung). Breslau	Staats- und Universitätsbibliothek Bremen
Breslauer General-Anzeiger. Breslau	Staats- und Universitätsbibliothek Bremen
Breslauer Gerichts-Zeitung. Breslau	Staats- und Universitätsbibliothek Bremen
Breslauer Handelsblatt. Breslau	Staats- und Universitätsbibliothek Bremen

Breslauer Intelligenz-Blatt. Breslau	Staats- und Universitätsbibliothek Bremen
Breslauer Neueste Nachrichten. Breslau	Staats- und Universitätsbibliothek Bremen
Breslauer Volksblätter. Breslau	Staats- und Universitätsbibliothek Bremen
Die Brücke (ab 1925 u. d. T.: Deutsche Zukunft). Flensburg, Kiel, Heide	Staats- und Universitätsbibliothek Bremen
Brünner Montagsblatt	Institut für Auslandsbeziehungen Stuttgart
Brünner Tagblatt	Institut für Auslandsbeziehungen Stuttgart
Brünner Tagespost	Institut für Auslandsbeziehungen Stuttgart
Buchdrucker-Zeitung. New York	Staats- und Universitätsbibliothek Bremen
Der Bürger. Düsseldorf	Universitätsbibliothek Düsseldorf
Bürgermeistereiblatt. Düsseldorf	Universitätsbibliothek Düsseldorf
Bürger-Zeitung. Düsseldorfer Abend-Zeitung	Universitätsbibliothek Düsseldorf
Bürgerzeitung. Perijamos	Institut für Auslandsbeziehungen Stuttgart
Buffaloer Arbeiter-Zeitung. Buffalo	Staats- und Universitätsbibliothek Bremen
Buffalo County Republikaner. Fountain City, Wisc.	Institut für Auslandsbeziehungen Stuttgart
Buffalo Volksfreund. Buffalo, NY	Institut für Auslandsbeziehungen Stuttgart
Bukarester Deutsche Tagespost	Institut für Auslandsbeziehungen Stuttgart
Bukarester Lloyd	Institut für Auslandsbeziehungen Stuttgart
Bundesbote. Teplitz-Schönau	Institut für Auslandsbeziehungen Stuttgart
Burgdorfer Zeitung	Hochschulbibliothek Lüneburg
BZ am Abend. Preßburg	Institut für Auslandsbeziehungen Stuttgart
California Demokrat. San Francisco, Cal.	Institut für Auslandsbeziehungen Stuttgart

California Journal. San Francisco, Cal.	Institut für Auslandsbeziehungen Stuttgart
California Post. Fresno, Cal.	Institut für Auslandsbeziehungen Stuttgart
California Presse. Los Angeles, Cal.	Institut für Auslandsbeziehungen Stuttgart
California Staats-Zeitung. Los Angeles, Cal.	Institut für Auslandsbeziehungen Stuttgart
California Vorwärts. Fresno, Cal.	Institut für Auslandsbeziehungen Stuttgart
California Weckruf. Los Angeles, Cal.	Institut für Auslandsbeziehungen Stuttgart
Cellesche Zeitung	Hochschulbibliothek Lüneburg
Champagnerkamerad. Charleville	Universitätsbibliothek Marburg
Chicagoer Arbeiter-Zeitung. Chicago, Ill.	Staats- und Universitätsbibliothek Bremen
Chicagoer Arbeiter-Zeitung. Chicago, Ill.	Institut für Auslandsbeziehungen Stuttgart
Chicagoer Deutsche Zeitung. Chicago, Ill.	Institut für Auslandsbeziehungen Stuttgart
Chicagoer Weckruf. Chicago, Ill.	Institut für Auslandsbeziehungen Stuttgart
Christian-Erlangischer Zeitungs-Extrackt (Auszug der neuesten Weltgeschichte, Erlanger Auszug der neuesten Weltgeschichte, Schauplatz der Zeit, Real-Zeitung, Erlanger Real-Zeitung, Erlanger Zeitung). Erlangen	Staats- und Universitätsbibliothek Bremen
Cincinnatier freie Presse. Cincinnati, Ohio	Institut für Auslandsbeziehungen Stuttgart
Coblenzer General-Anzeiger	Stadtbibliothek Koblenz
Coblenzer Volkszeitung. Organ für das katholische Volk	Stadtbibliothek Koblenz
Coblenzer Zeitung	Stadtbibliothek Koblenz
Coburger National-Zeitung	Landesbibliothek Coburg
Coburger Zeitung	Landesbibliothek Coburg
Columbus Herold. Columbia, Ohio	Institut für Auslandsbeziehungen Stuttgart

Concordia. Zeitschrift für die Arbeiterfrage. Berlin	Staats- und Universitätsbibliothek Bremen
Concordia. Berlin, Leipzig (Bremen)	Staats- und Universitätsbibliothek Bremen
Connecticut Staatszeitung. Hartford, Conn.	Institut für Auslandsbeziehungen Stuttgart
Courrier Alsacien-Lorrain	Stadt- und Universitätsbibliothek Frankfurt
Courier du Bas-Rhin. Clèves	Universitätsbibliothek Düsseldorf
Czernowitzer Morgenpost	Institut für Auslandsbeziehungen Stuttgart
Czernowitzer Sonn- und Montagszeitung	Institut für Auslandsbeziehungen Stuttgart
Dacia. Temeswar	Institut für Auslandsbeziehungen Stuttgart
Dakota Freie Presse. New Ulm, Minn.	Institut für Auslandsbeziehungen Stuttgart
Dakota Rundschau. Winona, Minn.	Institut für Auslandsbeziehungen Stuttgart
Das Dampfschiff. Zeitschrift für Freunde des Ernstes und des Frohsinns. Bremen	Staats- und Universitätsbibliothek Bremen
Danziger Dampfboot für Geist, Humor, Satire, Welt- und Volksleben… Danzig	Staats- und Universitätsbibliothek Bremen
Danziger Echo. Danzig	Staats- und Universitätsbibliothek Bremen
Danziger Landes-Zeitung. Danzig	Staats- und Universitätsbibliothek Bremen
Danziger Nachrichten. Erfahrungen und Erläuterungen… Danzig	Staats- und Universitätsbibliothek Bremen
Danziger Neueste Nachrichten. Danzig	Staats- und Universitätsbibliothek Bremen
Danziger Sonntags-Zeitung. Danzig	Staats- und Universitätsbibliothek Bremen
Danziger Volksstimme. Danzig	Staats- und Universitätsbibliothek Bremen
Danziger Volks-Zeitung. Danzig	Staats- und Universitätsbibliothek Bremen

(Der) Danziger Vorposten. Danzig	Staats- und Universitätsbibliothek Bremen
Danziger Zeitung. Danzig	Staats- und Universitätsbibliothek Bremen
Darmstädter Tagblatt	Hessisches Staatsarchiv Darmstadt
Darmstädter Zeitung	Hessisches Staatsarchiv Darmstadt
Demokratische Zeitung. Berlin	Staats- und Universitätsbibliothek Bremen
Demokratische Correspondenz. Organ der deutschen Volkspartei. Stuttgart	Staats- und Universitätsbibliothek Bremen
Detroiter Abendpost. Detroit, Mich.	Institut für Auslandsbeziehungen Stuttgart
Dettaer Zeitung	Institut für Auslandsbeziehungen Stuttgart
Deutsche Allgemeine Zeitung. Düsseldorf	Universitätsbibliothek Düsseldorf
Deutsch-Amerikanische Baecker-Zeitung. New York	Staats- und Universitätsbibliothek Bremen
Deutsch-Amerikanische Bürgerzeitung. Chicago, Ill.	Institut für Auslandsbeziehungen Stuttgart
Deutsch-Lodzer Zeitung	Universitätsbibliothek Marburg
Der deutsche Arbeiter. Chicago	Staats- und Universitätsbibliothek Bremen
Deutsche Arbeiterhalle. Mannheim	Staats- und Universitätsbibliothek Bremen
Deutsche Auswanderer-Zeitung. Bremen	Staats- und Universitätsbibliothek Bremen
Deutsche Bergwerkszeitung. Essen, Düsseldorf	Universitätsbibliothek Düsseldorf
Deutsche Beskidenzeitung. Friedek	Institut für Auslandsbeziehungen Stuttgart
Deutsche Blätter. Leipzig	Staats- und Universitätsbibliothek Bremen
Deutsche Böttcher-Zeitung. Bremen	Staats- und Universitätsbibliothek Bremen
Der Deutsche Bote. Klattau	Institut für Auslandsbeziehungen Stuttgart
Deutsche Gewerbezeitung. Leipzig	Staats- und Universitätsbibliothek Bremen

Deutsche Grenzstimmen. Tachau	Institut für Auslandsbeziehungen Stuttgart
Deutsche Grenzwacht. Landskron	Institut für Auslandsbeziehungen Stuttgart
Deutsche Industrie-Zeitung. Chemnitz	Staats- und Universitätsbibliothek Bremen
Deutsche Kriegszeitung. Berlin	Universitätsbibliothek Düsseldorf
Deutsche Kultur-Wacht. Berlin	Staats- und Universitätsbibliothek Bremen
Deutsche Landheimat. Leitmeritz	Institut für Auslandsbeziehungen Stuttgart
Deutsche Landpost. Böhm.-Leipa	Institut für Auslandsbeziehungen Stuttgart
Deutsche Landpost. Prag	Institut für Auslandsbeziehungen Stuttgart
Deutsche Leipaer Zeitung	Institut für Auslandsbeziehungen Stuttgart
Deutsche Nachrichten. Preßburg	Institut für Auslandsbeziehungen Stuttgart
Deutsche Nachrichten für Litauen. Kaunas	Staats- und Universitätsbibliothek Bremen
Deutsche Post. Troppau	Institut für Auslandsbeziehungen Stuttgart
Deutsche Republik. Frankfurt a.M.	Staats- und Universitätsbibliothek Bremen
Deutsche Rundschau (in Polen). Bromberg	Staats- und Universitätsbibliothek Bremen
Deutsche Schützen- und Wehr-Zeitung. Bremen, Nürnberg, München	Staats- und Universitätsbibliothek Bremen
Deutsche Stimmen. Preßburg	Institut für Auslandsbeziehungen Stuttgart
Deutsche Tagespost. Hermannstadt	Institut für Auslandsbeziehungen Stuttgart
Deutsche Tageszeitung. Berlin	Universitätsbibliothek Erlangen-Nürnberg
Deutsche Tageszeitung. Hermannstadt/Kronstadt	Institut für Auslandsbeziehungen Stuttgart
Deutsche Tageszeitung. Karlsbad	Institut für Auslandsbeziehungen Stuttgart

Deutsche Tribüne. München, Homburg	Staats- und Universitätsbibliothek Bremen
Deutsche Volkspost. Temeswar	Institut für Auslandsbeziehungen Stuttgart
Deutsche Volkswacht. Offenbach, Friedberg	Stadtarchiv Friedberg
Deutsche Volkswehr. Friedek	Institut für Auslandsbeziehungen Stuttgart
Deutsche Volkszeitung. Brüx	Institut für Auslandsbeziehungen Stuttgart
Deutsche Volkszeitung. Czernowitz	Institut für Auslandsbeziehungen Stuttgart
Deutsche Volkszeitung f. d. Kuhländchen. Neu-Titschein	Institut für Auslandsbeziehungen Stuttgart
Deutsche Volkszeitung. Saaz	Institut für Auslandsbeziehungen Stuttgart
Deutsche Wacht. Hohenstadt	Institut für Auslandsbeziehungen Stuttgart
Deutsche Westböhmische Stimmen. Plan	Institut für Auslandsbeziehungen Stuttgart
Deutsche Wehr. Eger	Institut für Auslandsbeziehungen Stuttgart
Der Deutsche Werkmeister. Düsseldorf	Universitätsbibliothek Düsseldorf
Deutsche Werkmeister-Zeitung. Düsseldorf	Universitätsbibliothek Düsseldorf
Deutsche Wirtschafts-Zeitung. Berlin	Universitätsbibliothek Düsseldorf
Deutsche Woche. Troppau	Institut für Auslandsbeziehungen Stuttgart
Deutsche Zeitung. Gablonz	Institut für Auslandsbeziehungen Stuttgart
Deutsche Zeitung. Klausenburg	Institut für Auslandsbeziehungen Stuttgart
Deutsche Zeitung. Leitmeritz	Institut für Auslandsbeziehungen Stuttgart
Deutsche Zeitung. Olmütz	Institut für Auslandsbeziehungen Stuttgart
Deutsche Zeitung. Preßburg	Institut für Auslandsbeziehungen Stuttgart

Deutsche Zeitung. Troppau	Institut für Auslandsbeziehungen Stuttgart
Deutsche Zeitung Bessarabiens. Tarutino	Institut für Auslandsbeziehungen Stuttgart
Deutsche Zukunft. Berlin	Staats- und Universitätsbibliothek Bremen
Die Deutsche Zukunft. Düsseldorf	Universitätsbibliothek Düsseldorf
Deutsche Zeitung für die Krim und Taurien. Simferopol, Ukrain. SSR	Universitätsbibliothek Marburg
Deutscher Bote. Braunau	Institut für Auslandsbeziehungen Stuttgart
Deutscher Bote. Klausenburg	Institut für Auslandsbeziehungen Stuttgart
Deutscher Landbote. Karlsbad	Institut für Auslandsbeziehungen Stuttgart
Deutscher Landruf. Brünn	Institut für Auslandsbeziehungen Stuttgart
Deutscher Landruf. Eger	Institut für Auslandsbeziehungen Stuttgart
Deutscher Reichsanzeiger und Königlich Preußischer Staatsanzeiger. Berlin	Universitätsbibliothek Düsseldorf
Deutscher Volksführer. Altoona, Pa.	Institut für Auslandsbeziehungen Stuttgart
Deutscher Volksrat. Teschen	Institut für Auslandsbeziehungen Stuttgart
Deutsches Agrarblatt. Prag	Institut für Auslandsbeziehungen Stuttgart
Deutsches Bürgerblatt. Siegen	Bibliothek der Hansestadt Lübeck
Deutsches Tageblatt für Westböhmen. Eger	Institut für Auslandsbeziehungen Stuttgart
Deutsches Volksblatt. Stuttgart	Württembergische Landesbibliothek Stuttgart
Deutsches Volksblatt. Czernowitz	Institut für Auslandsbeziehungen Stuttgart
Deutsches Volksblatt. Tarutino	Institut für Auslandsbeziehungen Stuttgart
Deutsches Wochenblatt. Mannheim	Staats- und Universitätsbibliothek Bremen

Dithmarsche Blätter für deutsche und schleswig-holsteinische Zustände	Schleswig-Holsteinische Landesbibliothek Kiel
Dithmarsche Zeitung	Schleswig-Holsteinische Landesbibliothek Kiel
Dorf-Chronik und Grafschafter Fild. Moers	Universitätsbibliothek Düsseldorf
Donau-Bodensee-Zeitung (Ausgabe Friedrichshafen)	Stadtarchiv Friedrichshafen
Dreistädte-Zeitung. Viersen	Universitätsbibliothek Düsseldorf
Düsseldorf-Gerresheimer Zeitung	Universitätsbibliothek Düsseldorf
Düsseldorfer Anzeiger	Universitätsbibliothek Düsseldorf
Düsseldorfer Bürger-Zeitung	Universitätsbibliothek Düsseldorf
Düsseldorfer Freie Presse	Universitätsbibliothek Düsseldorf
Düsseldorfer General-Anzeiger	Universitätsbibliothek Düsseldorf
Düsseldorfer Gerichts-Zeitung	Universitätsbibliothek Düsseldorf
Düsseldorfer Journal und Kreisblatt	Universitätsbibliothek Düsseldorf
Düsseldorfer Kreisblatt und Täglicher Anzeiger	Universitätsbibliothek Düsseldorf
Düsseldorfer Lokalzeitung	Universitätsbibliothek Düsseldorf
Düsseldorfer Morgenpost	Universitätsbibliothek Düsseldorf
Düsseldorfer Neueste Nachrichten	Universitätsbibliothek Düsseldorf
Düsseldorfer Post	Universitätsbibliothek Düsseldorf
Düsseldorfer Sonntagsblatt	Universitätsbibliothek Düsseldorf
Düsseldorfer Stadt-Anzeiger	Universitätsbibliothek Düsseldorf
Düsseldorfer Tageblatt	Universitätsbibliothek Düsseldorf
Düsseldorfer Volksblatt	Universitätsbibliothek Düsseldorf
Düsseldorfer Volkszeitung	Universitätsbibliothek Düsseldorf
Düsseldorfer Zeitung	Universitätsbibliothek Düsseldorf
Durlacher Tagblatt	Badische Landesbibliothek Karlsruhe
Durlacher Wochenblatt	Badische Landesbibliothek Karlsruhe
Duxer Zeitung	Institut für Auslandsbeziehungen Stuttgart
Echo der Gegenwart. Aachen	Öffentliche Bibliothek Aachen
Echo von Elsaß-Lothringen	Stadt- und Universitätsbibliothek Frankfurt
Egerland. Eger	Institut für Auslandsbeziehungen Stuttgart

Eiderstedter Nachrichten	Schleswig-Holsteinische Landesbibliothek Kiel
Die Einheit (Betrieb und Gewerkschaft). Berlin	Staats- und Universitätsbibliothek Bremen
Die Einheitsfront. Bohnsdorf, Berlin	Staats- und Universitätsbibliothek Bremen
Eintracht. Chicago, Ill.	Institut für Auslandsbeziehungen Stuttgart
Eisenbahn-Zeitung Hamburg. Bergedorf, Lübeck	Bibliothek der Hansestadt Lübeck
Eisenring. Temeswar	Institut für Auslandsbeziehungen Stuttgart
Elbinger Anzeigen. Elbing	Staats- und Universitätsbibliothek Bremen
Der Elsässer. Straßburg	Stadt- und Universitätsbibliothek Frankfurt
Elsässer Anzeiger	Stadt- und Universitätsbibliothek Frankfurt
Elsässer Journal. Straßburg	Stadt- und Universitätsbibliothek Frankfurt
Elsässer Volksblatt für Stadt und Land	Stadt- und Universitätsbibliothek Frankfurt
Elsässer Volksbote. Straßburg	Stadt- und Universitätsbibliothek Frankfurt
Der Elsaß-Lothringer	Stadt- und Universitätsbibliothek Frankfurt
Elsaß-Lothringer Morgenblatt	Stadt- und Universitätsbibliothek Frankfurt
Der Ennepeströter	Stadtarchiv Hagen
Erie Tageblatt. Erie, Pa.	Institut für Auslandsbeziehungen Stuttgart
Erläutertes Preußen ... Acta Borussica ... Preußische Merckwürdigkeiten. Königsberg	Staats- und Universitätsbibliothek Bremen
Erlanger Neueste Nachrichten	Universitätsbibliothek Erlangen-Nürnberg
Eschweger Kreisblatt	Gesamthochschulbibliothek Kassel
Eschweger Tageblatt u. Kreisblatt	Gesamthochschulbibliothek Kassel

Eschweger Tageblatt. Anzeiger für die amtlichen Bekanntmachungen im Kreis Eschwege	Gesamthochschulbibliothek Kassel
Eschweger Tageblatt und Kreisblatt. Anzeiger für die amtlichen Bekanntmachungen im Kreis Eschwege	Gesamthochschulbibliothek Kassel
Eschweger Wochenblatt für das Jahr	Gesamthochschulbibliothek Kassel
Eureka Rundschau. Eureka, Minn.	Institut für Auslandsbeziehungen Stuttgart
Die Europäische Relation. Altona	Staats- und Universitätsbibliothek Bremen
Europäische Zeitung. Hanau	Staats- und Universitätsbibliothek Bremen
European Press. Bremen	Staats- und Universitätsbibliothek Bremen
Evangelisch-lutherisches Volksblatt. Dresden	Staats- und Universitätsbibliothek Bremen
Evangelisch-protestantisches Kirchenblatt	Landeskirchliche Bibliothek Karlsruhe
Express	Stadt- und Universitätsbibliothek Frankfurt
Extract derer eingelauffenen Nouvellen. Leipzig	Staats- und Universitätsbibliothek Bremen
Extrapost. Temeswar	Institut für Auslandsbeziehungen Stuttgart
Die Fanfare. Berlin	Staats- und Universitätsbibliothek Bremen
The Fatherland. Devoted to fair play for Germany and Austria. New York	Universitätsbibliothek Marburg
Feuille d'annonce de Spire. Speyerer Anzeige-Blatt	Pfälzische Landesbibliothek Speyer
Florida's Deutsches Echo. Miami, Fla.	Institut für Auslandsbeziehungen Stuttgart
Der Fortschritt. Düsseldorf	Universitätsbibliothek Düsseldorf
Fränkische Nachrichten. Erlangen	Universitätsbibliothek Erlangen-Nürnberg
Fränkische Nachrichten. Wertheimer Tagblatt	Landesarchivdirektion Baden-Württemberg Stuttgart

Fränkische Tagespost. Nürnberg	Bibliothek des Archivs der sozialen Demokratie Bonn
Fränkische Tagespost. Fürther Bürgerzeitung. Nürnberg-Fürther Sozialdemokrat. Nürnberg	Bibliothek des Archivs der sozialen Demokratie Bonn
Fränkische Tagespost. Fürther Bürgerzeitung. Sozialdemokratisches Organ für Mittelfranken und die Oberpfalz	Bibliothek des Archivs der sozialen Demokratie Bonn
Fränkische Tagespost. Organ für Jedermann aus dem Volke. Nürnberg	Bibliothek des Archivs der sozialen Demokratie Bonn
Fränkische Tagespost. Sozialdemokratisches Organ für den Reichstagswahlkreis Nürnberg/Altdorf	Bibliothek des Archivs der sozialen Demokratie Bonn
Fränkische Tagespost. Sozialdemokratisches Organ für Mittelfranken und Oberpfalz	Bibliothek des Archivs der sozialen Demokratie Bonn
Fränkischer Merkur/Bamberger Zeitung. Bamberg	Staats- und Universitätsbibliothek Bremen
Frankenberger Zeitung	Gesamthochschulbibliothek Kassel
Frankfurter Zeitung und Handelsblatt	Universitätsbibliothek Düsseldorf
Frauenzimmer-Zeitung. Kempten	Staats- und Universitätsbibliothek Bremen
Fredericksburger Wochenblatt. Fredericksburg, Tex.	Institut für Auslandsbeziehungen Stuttgart
Freiburger Bote	Universitätsbibliothek Freiburg
Freiburger Nachrichten	Universitätsbibliothek Freiburg
Freiburger Tagespost	Universitätsbibliothek Freiburg
Freiburger Zeitung	Universitätsbibliothek Freiburg
Der freie Hanseat. Neueste Nachrichten der freien Demokratischen Partei. Landesverband Bremen. Bremen	Staats- und Universitätsbibliothek Bremen
Freie Meinung. Unparteiische Wochenzeitung für Kultur und Politik, Freiheit und Recht, Aufklärung und Kritik. Bremen	Staats- und Universitätsbibliothek Bremen
Freie Presse. Bielefeld	Stadtarchiv und Landesgeschichtliche Bibliothek Bielefeld

Freie Presse. Temeswar	Institut für Auslandsbeziehungen Stuttgart
Freie Presse für Elsaß-Lothringen. Straßburg	Stadt- und Universitätsbibliothek Frankfurt
Freie Presse Staatszeitung. Fort Wyne, ND	Institut für Auslandsbeziehungen Stuttgart
Freie Presse und wöchentliche Tribüne. Omaha, Nebr.	Institut für Auslandsbeziehungen Stuttgart
Freie Presse für Texas. San Antonio, Tex.	Institut für Auslandsbeziehungen Stuttgart
Freie Stimme. Radolfzell	Stadtarchiv Radolfzell
Die Freie Welt. Illustrierte Wochenschrift der USPD. Berlin	Staats- und Universitätsbibliothek Bremen
Das Freie Wort. Zürich/Bern	Staats- und Universitätsbibliothek Bremen
Die Freie Zeitung. Bern	Staats- und Universitätsbibliothek Bremen
Freies Volk. Solingen	Stadtarchiv Solingen
Freiheit. Solingen	Stadtarchiv Solingen
Freiheit. Breslau	Staats- und Universitätsbibliothek Bremen
Freiheit. Königsberg	Staats- und Universitätsbibliothek Bremen
Freiheit. London/New York	Staats- und Universitätsbibliothek Bremen
Freiheit. Düsseldorf	Universitätsbibliothek Düsseldorf
Freiheit	Universitätsbibliothek Marburg
Der Freimütige	Institut für Auslandsbeziehungen Stuttgart
Freudenthaler Zeitung	Institut für Auslandsbeziehungen Stuttgart
Der Freydenker. Danzig	Staats- und Universitätsbibliothek Bremen
Friedberger Anzeigenblatt	Stadtarchiv Friedberg/Hessen
Friedberger Intelligenzblatt. Allgemeiner Anzeiger für Oberhessen, Amts- und Verkündigungsblatt für den Kreis Friedberg	Stadtarchiv Friedberg/Hessen
Friedberger Wochenblatt	Stadtarchiv Friedberg/Hessen

Friedberger Wochenblatt zu den Wetterauer Anzeigen	Stadtarchiv Friedberg/Hessen
Friedens- und Kriegs-Courier. Nürnberg	Staats- und Universitätsbibliothek Bremen
Friedländer Zeitung	Institut für Auslandsbeziehungen Stuttgart
Friesen-Courier	Schleswig-Holsteinische Landesbibliothek Kiel
Fritsches New Ulmer Wochenblatt. New Ulm, Minn.	Institut für Auslandsbeziehungen Stuttgart
Fritzlarer Kreis-Anzeiger. Amtliches Organ für den Kreis Fritzlar	Gesamthochschulbibliothek Kassel
Fritzlarer Kreis-Anzeiger. Amtliches Organ für die Bekanntmachungen der Amtsbezirke Fritzlar, Gudensberg, Jesberg. Ein Blatt für Stadt und Land	Gesamthochschulbibliothek Kassel
Fritzlarer Kreis-Anzeiger. Ein Blatt für Stadt und Land	Gesamthochschulbibliothek Kassel
Fritzlarer Zeitung	Universitätsbibliothek Marburg
Der Führer. Düsseldorf	Universitätsbibliothek Düsseldorf
Der Führer	Stadtarchiv Offenburg
Fürther Demokratisches Wochenblatt	Bibliothek des Archivs der sozialen Demokratie Bonn
Fulda-Werra-Zeitung	Universitätsbibliothek Marburg
Fuldaer Zeitung	Hessische Landesbibliothek Fulda
Fuldaische Politische Zeitung	Hessische Landesbibliothek Fulda
Fuldaische Wöchentliche Polizei- und Kommerzienanzeigen	Hessische Landesbibliothek Fulda
Gablonzer Tagblatt	Institut für Auslandsbeziehungen Stuttgart
Gäubote – Ammertalbote. Amtsblatt für das Oberamt Herrenberg und das Gäu	Stadtarchiv Herrenberg
Gäu- und Ammertalbote. Herrenberger Zeitung. Amts- und Anzeigeblatt für den Oberamtsbezirk Herrenberg	Stadtarchiv Herrenberg

Gäubote. Ammertalbote/Herrenberger Tagblatt. Tageszeitung für Stadt und Kreis Herrenberg/Amtsblatt für Stadt und Oberamt	Stadtarchiv Herrenberg
Gäubote. Ammertalbote/Herrenberger Tagblatt. Tageszeitung für Stadt und Kreis Herrenberg/Amtsblatt sämtlicher Behörden	Stadtarchiv Herrenberg
Gäubote – Ammertalbote. Herrenberger Zeitung – Tübinger Zeitung. Amtsblatt für das Oberamt Herrenberg und das Gäu	Stadtarchiv Herrenberg
Gäubote. Ammertalbote/Schwäbisches Tagblatt. Nationalsozialistische Tageszeitung für das Oberamt Herrenberg/Amtsblatt sämtlicher Behörden	Stadtarchiv Herrenberg
Gäubote. Ammertalbote/Schwäbisches Tagblatt. Tageszeitung für Stadt und Kreis Herrenberg/Amtsblatt sämtlicher Behörden	Stadtarchiv Herrenberg
Der Gäubote. Amts- und Anzeigeblatt für den Oberamtsbezirk Herrenberg	Stadtarchiv Herrenberg
Gäu- und Ammertalbote. Amts- und Anzeigeblatt für den Oberamtsbezirk Herrenberg	Stadtarchiv Herrenberg
Der Gäubote. Herrenberger Amts- und Intelligenzblatt	Stadtarchiv Herrenberg
Gäubote. Herrenberger Tagblatt. Ammertalbote. Süddeutsche Heimatzeitung für Herrenberg und das Gäu. Amtsblatt der Stadt Herrenberg	Stadtarchiv Herrenberg
Gäubote. Herrenberger Tagblatt. Ammertalbote. Tageszeitung für Herrenberg und Umgebung. Amtsblatt der Stadt Herrenberg	Stadtarchiv Herrenberg
Die Gartenlaube. Leipzig	Staats- und Universitätsbibliothek Bremen

Gazeta Noroelowa. Poznan	Universitätsbibliothek Marburg
Gazette de France. Paris	Universitätsbibliothek Düsseldorf
Gazette Democrat. Philadelphia, Pa.	Institut für Auslandsbeziehungen Stuttgart
Gazette des Ardennes. Journal des pays occupé. Charleville	Universitätsbibliothek Marburg
Gazette des Deux-Ponts	Bibliotheca Bipontina Zweibrücken
Gazette Nationale ou le Moniteur Universel. Paris	Universitätsbibliothek Düsseldorf
Geldern'sche Zeitung	Universitätsbibliothek Düsseldorf
Gelehrte Neuigkeiten Schlesiens zum Vergnügen allerhand Liebhaber gesammelt. Schweidnitz	Staats- und Universitätsbibliothek Bremen
Gemeinnützige Stadt- und Land-Zeitung ... (Gemeinnützige Zeitung fürs Volk ...). Cahla bei Jena	Staats- und Universitätsbibliothek Bremen
Gemeinnütziges Wochenblatt für Friedberg und die Gegend	Stadtarchiv Friedberg/Hessen
Generalanzeiger. Hamburg	Staats- und Universitätsbibliothek Hamburg
General-Anzeiger. Joliet, Ill.	Institut für Auslandsbeziehungen Stuttgart
General-Anzeiger Karlsruhe	Badische Landesbibliothek Karlsruhe
General-Anzeiger. Koblenz	Stadtbibliothek Koblenz
General-Anzeiger. München	Bayerische Staatsbibliothek München
General-Anzeiger für die gesamten Interessen des Judentums. Berlin	Staats- und Universitätsbibliothek Bremen
General-Anzeiger für Marburg und Umgebung	Universitätsbibliothek Marburg
General-Anzeiger. Westdeutsche Rundschau	Universitätsbibliothek Düsseldorf
Die Genossin. Berlin	Staats- und Universitätsbibliothek Bremen
Geographisch-historisches Wochenblatt zur Erläuterung der Begebenheiten des Tages. Bremen	Staats- und Universitätsbibliothek Bremen
Getreide-Zeitung. Bremen	Staats- und Universitätsbibliothek Bremen

Gewerbe- und Handelszeitung. Prag	Institut für Auslandsbeziehungen Stuttgart
Gewerbe-Zeitung. Leipzig	Staats- und Universitätsbibliothek Bremen
Gewerbliche Rundschau. Prag	Institut für Auslandsbeziehungen Stuttgart
Der Gewerkschaftsvereinsbote Düsseldorf	Universitätsbibliothek Düsseldorf
Giddings Deutsches Volksblatt. Giddings, Tex.	Institut für Auslandsbeziehungen Stuttgart
Gießener Zeitung	Hessisches Staatsarchiv Darmstadt
Gladbacher Anzeiger	Stadtbibliothek Mönchengladbach
Gladbacher Merkur	Stadtbibliothek Mönchengladbach
Gladbacher Volkszeitung	Stadtbibliothek Mönchengladbach
Gladbach-Rheydter Tageblatt	Stadtbibliothek Mönchengladbach
Gleichheit. Wiener-Neustadt	Staats- und Universitätsbibliothek Bremen
Glückstädter Fortuna	Schleswig-Holsteinische Landesbibliothek Kiel
Der Grafschafter. Moers	Universitätsbibliothek Düsseldorf
Graslitzer Grenzbote	Institut für Auslandsbeziehungen Stuttgart
Grenzland-Zeitung. Grottau	Institut für Auslandsbeziehungen Stuttgart
Grenzpost. Zwittau	Institut für Auslandsbeziehungen Stuttgart
Grevenbroicher Zeitung	Universitätsbibliothek Düsseldorf
Grimmer Kreis-Wochenblatt. Grimmen	Staats- und Universitätsbibliothek Bremen
Großalmeroder Zeitung	Universitätsbibliothek Marburg
Gross-Daytoner Zeitung. Dayton, Ohio	Institut für Auslandsbeziehungen Stuttgart
Grossherzoglich Hessische Zeitung	Hessisches Staatsarchiv Darmstadt
Gross-Kokler Bote. Schäßburg	Institut für Auslandsbeziehungen Stuttgart

Gudensberger Zeitung. Allgemeiner Anzeiger für Stadt und Land. Amtliches Publikations-Organ für die Stadt Gudensberg. Insertionsorgan für das Königliche Amtsgericht Gudensberg	Gesamthochschulbibliothek Kassel
Hagener Freie Presse	Stadtarchiv Hagen
Hagener Kreisblatt	Stadtarchiv Hagen
Hagener Zeitung	Stadtarchiv Hagen
Haller Tagblatt	Württembergische Landesbibliothek Stuttgart
Hamburg-Altonaer Illustrierte Zeitung. Altona	Staats- und Universitätsbibliothek Bremen
Hamburger Anzeiger	Staats- und Universitätsbibliothek Hamburg
Hamburger Illustrierte Zeitung. Hamburg	Staats- und Universitätsbibliothek Bremen
Hamburger Tageblatt	Staats- und Universitätsbibliothek Bremen
Hamburgisches Addreß-Comtoir-Nachrichten. Hamburg	Staats- und Universitätsbibliothek Bremen
Hamburgische Neue Zeitung. Hamburg	Staats- und Universitätsbibliothek Bremen
Hanauer Anzeiger	Universitätsbibliothek Marburg
Hanauer Zeitung	Universitätsbibliothek Marburg
Handelsblatt. Düsseldorf	Universitätsbibliothek Düsseldorf
Handwerks-Zeitung. Hagen, Dortmund	Universitätsbibliothek Düsseldorf
Hannöverische politische Nachrichten. Hannover	Staats- und Universitätsbibliothek Bremen
Hannoverische Anzeigen von allerhand Sachen, deren Bekanntmachung dem gemeinen Wesen nöthig und nützlich	Niedersächsische Landesbibliothek Hannover
Hannoversche gelehrte Anzeigen	Niedersächsische Landesbibliothek Hannover
Hannoversche Beiträge zum Nutzen und Vergnügen	Niedersächsische Landesbibliothek Hannover
Hannoversches Magazin	Niedersächsische Landesbibliothek Hannover

Harburger Anzeigen und Nachrichten	Hochschulbibliothek Lüneburg
Hasper Zeitung	Stadtarchiv Hagen
Hatzfelder Volksblatt	Institut für Auslandsbeziehungen Stuttgart
Hatzfelder Zeitung	Institut für Auslandsbeziehungen Stuttgart
Der Hausfreund. Hagen	Stadtarchiv Hagen
Haus- und Bauern-Freund. Winona, Minn.	Institut für Auslandsbeziehungen Stuttgart
Heer und Heimat. Berlin	Universitätsbibliothek Marburg
Heidelberger Anzeiger	Universitätsbibliothek Heidelberg
Heidelberger Beobachter	Universitätsbibliothek Heidelberg
Heidelberger General-Anzeiger	Universitätsbibliothek Heidelberg
Heidelberger Journal	Universitätsbibliothek Heidelberg
Heidelberger Neueste Nachrichten	Universitätsbibliothek Heidelberg
Heidelberger Tageblätter	Universitätsbibliothek Heidelberg
Heidelberger Tageblatt	Universitätsbibliothek Heidelberg
Heidelberger Volksblatt	Universitätsbibliothek Heidelberg
Heidelberger Wochenblätter	Universitätsbibliothek Heidelberg
Heidelberger Wochenblatt	Universitätsbibliothek Heidelberg
Heidelberger Zeitung	Universitätsbibliothek Heidelberg
Heimat-Bote. Chicago, Ill.	Institut für Auslandsbeziehungen Stuttgart
Heimat Deutsches Wochenblatt. Czernowitz	Institut für Auslandsbeziehungen Stuttgart
Heimat Tagblatt. Saaz	Institut für Auslandsbeziehungen Stuttgart
Heimatruf	Institut für Auslandsbeziehungen Stuttgart
Der Herold. Detroit, Mich.	Staats- und Universitätsbibliothek Bremen
Hermann. Hagen	Stadtarchiv Hagen
Herrenberger Amtsblatt. Intelligenz- und Unterhaltungsblatt für den Oberamtsbezirk Herrenberg	Stadtarchiv Herrenberg
Herzoglich-Pfalzzweibrückisches Intelligenzblatt. Zweibrücken	Pfälzische Landesbibliothek Speyer
Hersfelder Anzeiger	Universitätsbibliothek Marburg
Hersfelder Kreisblatt	Universitätsbibliothek Marburg

Hersfelder Tageblatt	Universitätsbibliothek Marburg
Hessen-Darmstädtische privilegirte Zeitung. Darmstadt	Staats- und Universitätsbibliothek Bremen
Hessen-Schaumburgische Landes-Anzeigen	Universitätsbibliothek Marburg
Der Hessenbote	Universitätsbibliothek Marburg
Hessische Blätter	Universitätsbibliothek Marburg
Hessische Dorfzeitung/Neue Casseler Zeitung	Universitätsbibliothek Marburg
Hessische Landeszeitung. Darmstadt	Hessisches Staatsarchiv Darmstadt
Hessische Rundschau	Gesamthochschulbibliothek Kassel
Hessische Volksblätter. Darmstadt	Hessisches Staatsarchiv Darmstadt
Hessische Volkszeitung. Kassel	Hessisches Staatsarchiv Darmstadt
Hessischer Volksfreund. Darmstadt	Hessisches Staatsarchiv Darmstadt
Hessisches Tagesblatt. Kassel	Universitätsbibliothek Marburg
Hessisches Volksblatt	Universitätsbibliothek Marburg
Hildesheimer Relations-Courier (Privilegierte Hildesheimer Zeitung). Hildesheim	Staats- und Universitätsbibliothek Bremen
Historische Remarques über die neuesten Sachen in Europa Hamburg	Staats- und Universitätsbibliothek Bremen
Hofgeismarer Zeitung. Anzeiger für den Kreis Hofgeismar und Umgegend	Gesamthochschulbibliothek Kassel
Hofgeismarer Zeitung. Amtliches Organ für den Kreis Hofgeismar	Gesamthochschulbibliothek Kassel
Holsteinischer Courier. Neumünster	Schleswig-Holsteinische Landesbibliothek Kiel
Der Holzarbeiter. Reichenberg	Institut für Auslandsbeziehungen Stuttgart
Holzarbeiter-Zeitung. Hamburg, Stuttgart, Berlin	Staats- und Universitätsbibliothek Bremen
Homberger Kreisblatt	Gesamthochschulbibliothek Kassel
Homberger Zeitung. Allgemeiner Anzeiger für den Kreis Homberg	Gesamthochschulbibliothek Kassel
Hultschiner Zeitung	Institut für Auslandsbeziehungen Stuttgart
Humoristische Blätter. Oldenburg	Staats- und Universitätsbibliothek Bremen

Husumer Tagblatt	Schleswig-Holsteinische Landesbibliothek Kiel
Husumer Wochenblatt	Schleswig-Holsteinische Landesbibliothek Kiel
IFA-Rundschau. Funktionsorgan der Interessengemeinschaft der Arbeiterkultur... Berlin	Staats- und Universitätsbibliothek Bremen
Illinois Staatsherold. Chicago, Ill.	Institut für Auslandsbeziehungen Stuttgart
Die Illustrierte des Oberhessischen Anzeigers und der Friedberger Zeitung	Stadtarchiv Friedberg
Die Illustrierte für Bremen. Bremen	Staats- und Universitätsbibliothek Bremen
Illustrierte Jugendzeitung. Leipzig	Staats- und Universitätsbibliothek Bremen
Illustrierte Kriegschronik. Beilage zur NTZ. Friedberg	Stadtarchiv Friedberg
Illustrierte Zeitung für die Jugend. Leipzig	Staats- und Universitätsbibliothek Bremen
Illustrierter Dorfbarbier. Leipzig	Staats- und Universitätsbibliothek Bremen
Illustrirte Zeitung. Leipzig, Berlin	Universitätsbibliothek Düsseldorf
Industriel Alsacien	Stadt- und Universitätsbibliothek Frankfurt
Industriekurier. Düsseldorf	Universitätsbibliothek Düsseldorf
Das Inland. München	Staats- und Universitätsbibliothek Bremen
Intelligenz-Blatt für den Bezirk der Königlichen Regierung zu Danzig. Danzig	Staats- und Universitätsbibliothek Bremen
Intelligenzblatt für Litthauen. Gumbinnen	Staats- und Universitätsbibliothek Bremen
Intelligenzblatt für den Oberamtsbezirk Herrenberg	Stadtarchiv Herrenberg
Intelligenzblatt für die Provinz Oberhessen, den Regierungsbezirk Friedberg im Besonderen	Stadtarchiv Friedberg

Intelligenzblatt für die Provinz Oberhessen, die Kreise Friedberg, Grünberg, Hungen und die angrenzenden Bezirke im Besonderen	Stadtarchiv Friedberg
Intelligenzblatt für die Provinz Oberhessen, die Kreise Friedberg und Hungen	Stadtarchiv Friedberg
Intelligenzblatt für die Provinz Oberhessen im Allgemeinen, den Kreis Friedberg und die angrenzenden Bezirke im Besonderen	Stadtarchiv Friedberg
Intelligenzblatt für Tübingen und Rottenburg	Stadtarchiv Rottenburg
Iowa Reform. Davenport, Iowa	Institut für Auslandsbeziehungen Stuttgart
Italia Nostra. Rom	Universitätsbibliothek Marburg
Jägerndorfer Zeitung	Institut für Auslandsbeziehungen Stuttgart
Jimboliaer Zeitung	Institut für Auslandsbeziehungen Stuttgart
Journal de Colmar	Stadt- und Universitätsbibliothek Frankfurt
Journal de la Roer. Aachen	Öffentliche Bibliothek Aachen
Journal der Distrikte Minden, Bielefeld und Rinteln	Stadtarchiv und Landesgeschichtliche Bibliothek Bielefeld
Journal des Saar-Departements. Trier	Stadtbibliothek Trier
Jugendblätter. Stuttgart	Staats- und Universitätsbibliothek Bremen
Journal des Saar-Departements	Stadtbibliothek Trier
Journal du Département des bouches du Wésèr, Zeitung des Départements der Weser-Mündungen Bremen	Staats- und Universitätsbibliothek Bremen
Journal Offiziel de Haute-Silesie. Oppeln	Staats- und Universitätsbibliothek Bremen
Jülich-Bergische wöchentliche Nachrichten	Universitätsbibliothek Düsseldorf
Der Jüngling. Königsberg	Staats- und Universitätsbibliothek Bremen

Jugendblätter. Stuttgart	Staats- und Universitätsbibliothek Bremen
Der Junge Genosse. Berlin-Schöneberg	Staats- und Universitätsbibliothek Bremen
Jugend-Zeitung. Kehl/Rhein	Staats- und Universitätsbibliothek Bremen
Der Jungdeutsche. Kassel, Berlin	Institut für Auslandsbeziehungen Stuttgart
Der Jungdeutsche Orden Kassel	Institut für Auslandsbeziehungen Stuttgart
Jungvolk. Berlin	Staats- und Universitätsbibliothek Bremen
Kaltenkirchener Zeitung. Zeitung für Süd- und Mittelholstein	Schleswig-Holsteinische Landesbibliothek Kiel
Kampfsignal. New York	Staats- und Universitätsbibliothek Bremen
Karpatenpost (Kesmark)	Institut für Auslandsbeziehungen Stuttgart
Kattowitzer Zeitung. Kattowitz	Staats- und Universitätsbibliothek Bremen
Der Kämpfer. Chemnitz	Staats- und Universitätsbibliothek Bremen
Die Kämpferin. Organ der Gesamtinteressen der arbeitenden Frauen	Staats- und Universitätsbibliothek Bremen
Die Kämpferin. Zeitschrift für Frauen und Mädchen des gesamten werktätigen Volkes. Leipzig	Staats- und Universitätsbibliothek Bremen
Kansas City Presse. Kansas City, Kansas	Institut für Auslandsbeziehungen Stuttgart
Karlsruher Beobachter	Badische Landesbibliothek Karlsruhe
Karlsruher Fremdenblatt, Konzert- und Theater-Zeitung, Residenz-Anzeiger	Badische Landesbibliothek Karlsruhe
Karlsruher Intelligenz- und Wochenblatt	Badische Landesbibliothek Karlsruhe
Karlsruher Nachrichten	Badische Landesbibliothek Karlsruhe
Karlsruher Tagblatt	Badische Landesbibliothek Karlsruhe

Karlsruher Volksblatt	Badische Landesbibliothek Karlsruhe
Karpatenpost. Kesmark	Institut für Auslandsbeziehungen Stuttgart
Katholisches Wochenblatt. Chicago, Ill.	Institut für Auslandsbeziehungen Stuttgart
Kieler Tagblatt und Anzeiger	Schleswig-Holsteinische Landesbibliothek Kiel
Der Kinderfreund. Bremen	Staats- und Universitätsbibliothek Bremen
Kirchhainer Zeitung. Politisches Organ und öffentlicher Anzeiger für den Kreis Kirchhain und Umgegend	Gesamthochschulbibliothek Kassel
Koblenzer General-Anzeiger	Stadtbibliothek Koblenz
Koblenzer Volkszeitung	Stadtbibliothek Koblenz
Kölnische Zeitung	Universitätsbibliothek Düsseldorf
Königlich Preußischer Staatsanzeiger. Berlin	Universitätsbibliothek Düsseldorf
Königsberger Abend-Zeitung. Königsberg	Staats- und Universitätsbibliothek Bremen
Königsberger Allgemeine Zeitung. Königsberg	Staats- und Universitätsbibliothek Bremen
Königsberger Freie Presse. Königsberg	Staats- und Universitätsbibliothek Bremen
Königsberger Hartungsche Zeitung (Königl.Preuß.Staats-, Kriegs- und Friedenszeitung). Königsberg	Staats- und Universitätsbibliothek Bremen
Königsberger Volkszeitung. Königsberg	Staats- und Universitätsbibliothek Bremen
Königsbergisches Theaterjournal. Königsberg	Staats- und Universitätsbibliothek Bremen
Kommende Kirche. Bremen	Staats- und Universitätsbibliothek Bremen
Die Kommune. Zeitschrift für kommunistische Kommunalpolitik. Berlin	Staats- und Universitätsbibliothek Bremen
Der Kommunist (Die Revolution). Dresden	Staats- und Universitätsbibliothek Bremen
Kommunistische Arbeiterzeitung. Essen	Staats- und Universitätsbibliothek Bremen

Kommunistische Räte-Korrespondenz. (Berlin)	Staats- und Universitätsbibliothek Bremen
Konstanzer Intelligenzblatt	Stadtarchiv Konstanz
Konstanzer politische Zeitung	Stadtarchiv Konstanz
Konstanzer Tagblatt	Stadtarchiv Konstanz
Konstanzer Wochenblatt	Stadtarchiv Konstanz
Konstanzer Zeitung	Stadtarchiv Konstanz
Kornwestheimer Zeitung	Württembergische Landesbibliothek Stuttgart
Korrespondenz-Blatt. Berichte über die Ereignisse und Verhältnisse im Verwaltungsgebiet des Oberbefehlshabers Ost. Kowno	Universitätsbibliothek Marburg
Kownoer-Zeitung	Universitätsbibliothek Marburg
Kreisblatt	Gesamthochschulbibliothek Kassel
Kreisblatt. Amtliches Organ für den Kreis Hofgeismar	Gesamthochschulbibliothek Kassel
Kreisblatt. Anzeiger für die amtlichen Bekanntmachungen im Kreise Rotenburg	Gesamthochschulbibliothek Kassel
Kreisblatt/Gelnhäuser Tageblatt	Universitätsbibliothek Marburg
Kreisblatt für den Kreis Fritzlar-Homberg	Gesamthochschulbibliothek Kassel
Kreisblatt für den Kreis Frankenberg	Gesamthochschulbibliothek Kassel
Kreisblatt für die Stadt und den Kreis Schlüchtern	Gesamthochschulbibliothek Kassel
Kremper Zeitung	Schleswig-Holsteinische Landesbibliothek Kiel
Kreuzzeitung für Elsaß-Lothringen	Stadt- und Universitätsbibliothek Frankfurt
Kritische Rundschau. Nachrichten für Beruf und Heim. Bremen	Staats- und Universitätsbibliothek Bremen
Kronstädter Zeitung	Institut für Auslandsbeziehungen Stuttgart
Kur-Anzeiger. Bad Sooden-Wera	Gesamthochschulbibliothek Kassel
Kurhessische Morgenpost	Universitätsbibliothek Marburg
Kurtz gefaßte Historische Nachrichten… Regensburg	Staats- und Universitätsbibliothek Bremen
Landauer Anzeiger	Stadtarchiv Landau

Landbote. Krumau	Institut für Auslandsbeziehungen Stuttgart
Der Landbote. Temeswar	Institut für Auslandsbeziehungen Stuttgart
Landskroner Zeitung	Institut für Auslandsbeziehungen Stuttgart
Lauenburgische Landeszeitung	Kreisarchiv des Kreises Herzogtum Lauenburg
Leipziger Volkszeitung. Leipzig	Staats- und Universitätsbibliothek Bremen
Leipziger Zeitung	Universitätsbibliothek Erlangen-Nürnberg
Leipziger Zeitungen. Leipzig	Staats- und Universitätsbibliothek Bremen
Leitmeritzer Nachrichten	Institut für Auslandsbeziehungen Stuttgart
Leitmeritzer Zeitung	Institut für Auslandsbeziehungen Stuttgart
Lenneper Kreisblatt	Stadtarchiv Remscheid
Liberales Wochenblatt für die Grafschaft Schaumburg	Universitätsbibliothek Marburg
Liegnitzer Kreisblatt. Liegnitz	Staats- und Universitätsbibliothek Bremen
Liegnitzer Stadt-Blatt. Liegnitz	Staats- und Universitätsbibliothek Bremen
Liegnitzer Tageblatt	Staats- und Universitätsbibliothek Bremen
Liller Kriegszeitung	Universitätsbibliothek Marburg
Lincoln Freie Presse. Lincoln, Nebr.	Institut für Auslandsbeziehungen Stuttgart
Löwenstein-Wertheimisches Gemeinschaftliches Bezirksblatt	Landesarchivdirektion Baden-Württemberg Stuttgart
Louisviller Anzeiger. Louisville, Ky.	Institut für Auslandsbeziehungen Stuttgart
Der Lokal-Bote	Staats- und Universitätsbibliothek Bremen
Lovriner Zeitung	Institut für Auslandsbeziehungen Stuttgart
Ludwigsburger Wochenblatt	Württembergische Landesbibliothek Stuttgart

Lübecker Beobachter	Bibliothek der Hansestadt Lübeck
Lübecker Bürgerfreund	Bibliothek der Hansestadt Lübeck
Lübecker General-Anzeiger	Bibliothek der Hansestadt Lübeck
Lübeckische Anzeigen	Bibliothek der Hansestadt Lübeck
Lüneburgsche Anzeigen	Hochschulbibliothek Lüneburg
Lüttringhauser Zeitung	Stadtarchiv Remscheid
Lugoscher Zeitung	Institut für Auslandsbeziehungen Stuttgart
Magdeburgische Zeitung. Magdeburg	Staats- und Universitätsbibliothek Bremen
Mährisch-Schlesische Landeszeitung. M.-Ostrau	Institut für Auslandsbeziehungen Stuttgart
Mährischer Grenzbote. Iglau	Institut für Auslandsbeziehungen Stuttgart
Mahnruf. Berlin	Staats- und Univerersitätsbibliothek Bremen
Der Main- und Tauberbote – ein Intelligenzblatt für Wertheim und Umgegend	Landesarchivdirektion Baden-Württemberg Stuttgart
Main-Zeitung. Organ der deutschen Fortschrittspartei in Hessen	Hessisches Staatsarchiv Darmstadt
Marburger Tagesblatt	Universitätsbibliothek Marburg
Marburger Tagesblatt für Stadt und Land	Universitätsbibliothek Marburg
Marburger Wochenblatt	Universitätsbibliothek Marburg
Marienbader Zeitung	Institut für Auslandsbeziehungen Stuttgart
Mediascher Zeitung	Institut für Auslandsbeziehungen Stuttgart
Meininger Tageblatt. Meiningen	Staats- und Universitätsbibliothek Bremen
Melsunger Wochenblatt	Universitätsbibliothek Marburg
Memeler Dampfboot. Memel	Staats- und Universitätsbibliothek Bremen
Metzer Zeitung	Pfälzische Landesbibliothek Speyer
Metzer Zeitung am Abend. Das gauamtliche Abendblatt der Westmark	Pfälzische Landesbibliothek Speyer
Mieser Zeitung	Institut für Auslandsbeziehungen Stuttgart

Milwaukee Deutsche Zeitung. Milwaukee, Wisc.	Institut für Auslandsbeziehungen Stuttgart
Milwaukee Herold. Milwaukee, Wisc.	Institut für Auslandsbeziehungen Stuttgart
Milwaukee Sonntagspost. Milwaukee, Wisc.	Institut für Auslandsbeziehungen Stuttgart
Minnehaha. St. Paul, Minn.	Institut für Auslandsbeziehungen Stuttgart
Missions-Kinderfreund (Das Missionsschiff). Bremen	Staats- und Universitätsbibliothek Bremen
Mississippi-Blätter. St. Louis, Mo.	Institut für Auslandsbeziehungen Stuttgart
Mitauische Zeitung	Universitätsbibliothek Marburg
Der Mittag. Düsseldorf	Universitätsbibliothek Düsseldorf
Der Mittag. Spätausgabe. Düsseldorf	Universitätsbibliothek Düsseldorf
Die Mitteilungen der Militärregierung für den Kreis Tübingen	Stadtarchiv Rottenburg
Der Mittheiler an der Unter-Weser. Bremerhaven	Staats- und Universitätsbibliothek Bremen
Möllner Zeitung	Kreisarchiv des Kreises Herzogtum Lauenburg
Der monatliche Botschafter. Bremen	Staats- und Universitätsbibliothek Bremen
Monats-Blatt der Norddeutschen Missionsgesellschaft. Bremen	Staats- und Universitätsbibliothek Bremen
Le Moniteur Universel. Paris	Universitätsbibliothek Düsseldorf
Montags-Post. Bremen	Staats- und Universitätsbibliothek Bremen
Morgenzeitung. M.-Ostrau	Institut für Auslandsbeziehungen Stuttgart
Münchener Politische Zeitung. München	Staats- und Universitätsbibliothek Bremen
Münchener Post	Bayerische Staatsbibliothek München
Münchener Post und Augsburger Volkszeitung	Bibliothek des Archivs der sozialen Demokratie Bonn
Münchener Zeitung	Bayerische Staatsbibliothek München

Münchner Politische Zeitung	Bayerische Staatsbibliothek München
Münchner Volks-Zeitung	Bayerische Staatsbibliothek München
Nachrichten aus dem Nordwesten. Portland, Or.	Institut für Auslandsbeziehungen Stuttgart
Nachrichten aus Deutschland und Amerika. New York, NY, Hoboken, NY	Institut für Auslandsbeziehungen Stuttgart
Nachrichten für die Deutschen Kriegsgefangenen in der Sowjetunion. Moskau	Staats- und Universitätsbibliothek Bremen
Nachrichtenblatt	Pfälzische Landesbibliothek Speyer
Nachrichtenblatt der Militärregierung für den Kreis Tübingen	Stadtarchiv Rottenburg
Nationalblatt. Trier	Stadtbibliothek Trier
National Demokrat. Sheboygan, Wisc.	Institut für Auslandsbeziehungen Stuttgart
National Farmer Zeitung. Winona, Minn.	Institut für Auslandsbeziehungen Stuttgart
Nationalsozialistische Briefe. Berlin	Staats- und Universitätsbibliothek Bremen
Nationalzeitung. Erie, Pa.	Institut für Auslandsbeziehungen Stuttgart
Neckarbote. Rottenburg	Stadtarchiv Rottenburg
Neu Titscheiner Zeitung	Institut für Auslandsbeziehungen Stuttgart
Neu-Braunfelser Zeitung. Neubraunfels, Tex.	Institut für Auslandsbeziehungen Stuttgart
Neue Badische Presse. Karlsruhe	Badische Landesbibliothek Karlsruhe
Neue Bremer Zeitung (Ab 1. 4. 1814 u.d.T.: Neue Bremer Zeitung von Staats-Gelehrten und Handels-Sachen). Bremen	Staats- und Universitätsbibliothek Bremen
Neue Bremer Zeitung. Bremen	Staats- und Universitätsbibliothek Bremen
Neue Breslauer Zeitung. Breslau	Staats- und Universitätsbibliothek Bremen
Neue Casseler Zeitung	Universitätsbibliothek Marburg

Neue Deutsche Dorfzeitung. Coburg	Staats- und Universitätsbibliothek Bremen
Neue Deutsche Frauenzeitung. Düsseldorf	Universitätsbibliothek Düsseldorf
Neuengland Rundschau. Holgate Mass.	Institut für Auslandsbeziehungen Stuttgart
Neue freie Volkszeitung. München	Bayerische Staatsbibliothek München
Neue Friedberger Zeitung (NFZ) für Stadt und Land. Amtlicher Anzeiger für die Stadt Friedberg. Friedberg	Stadtarchiv Friedberg
Die neue Gesellschaft. Zürich	Staats- und Universitätsbibliothek Bremen
Neue Hamburger Zeitung	Staats- und Universitätsbibliothek Hamburg
Neue Hessische Volksblätter. Darmstadt	Hessisches Staatsarchiv Darmstadt
Neue Münchner Zeitung	Bayerische Staatsbibliothek München
Neue Offenbacher Zeitung	Hessisches Staatsarchiv Darmstadt
Neue Presse. Düsseldorf	Universitätsbibliothek Düsseldorf
Neue Preussische Zeitung. New York, NY	Institut für Auslandsbeziehungen Stuttgart
Neue Rheinische Zeitung für Düsseldorf, Bergisches Land, Niederrhein. Düsseldorf	Universitätsbibliothek Düsseldorf
Neue Rhein-Zeitung. Düsseldorf	Universitätsbibliothek Düsseldorf
Neue Speyerer Zeitung	Pfälzische Landesbibliothek Speyer
Das Neue Straßburg	Stadt- und Universitätsbibliothek Frankfurt
Neue Tageszeitung (NTZ), nationale unabhängige Zeitung für Landwirtschaft, Handwerk und Gewerbe. Friedberg	Stadtarchiv Friedberg
Neue Trier'sche Zeitung	Stadtbibliothek Trier
Neue Volksstimme. Budapest	Staats- und Universitätsbibliothek Bremen
Neue Westfälische Volkszeitung. Bielefeld, Herford	Stadtarchiv und Landesgeschichtliche Bibliothek Bielefeld

Neue wöchentliche Rostock'sche Nachrichten und Anzeigen. Rostock	Staats- und Universitätsbibliothek Bremen
Die Neue Zeitung	Universitätsbibliothek Düsseldorf
Neue Zeitung. Hermannstadt	Institut für Auslandsbeziehungen Stuttgart
Neue Zeitung. München	Staats- und Universitätsbibliothek Bremen
Neuer Holsteinischer Kurier. Neumünster	Schleswig-Holsteinische Landesbibliothek Kiel
Neues Hannoverisches (Hannöverisches) Magazin	Niedersächsische Landesbibliothek Hannover
Neueste Nachrichten. München	Bayerische Staatsbibliothek München
Der Neuigkeitskrämer. Bremen	Staats- und Universitätsbibliothek Bremen
Neuß-Grevenbroicher Zeitung	Universitätsbibliothek Düsseldorf
Neußer Handels- und Intelligenzblatt	Universitätsbibliothek Düsseldorf
Neußer Intelligenzblatt	Universitätsbibliothek Düsseldorf
Neußer Kreis-, Handels- und Intelligenzblatt	Universitätsbibliothek Düsseldorf
Neußer Zeitung	Universitätsbibliothek Düsseldorf
Neustädter Zeitung	Universitätsbibliothek Marburg
Neu Ulm Post. New Ulm, Minn.	Institut für Auslandsbeziehungen Stuttgart
New Jersey Post. Union City, NJ	Institut für Auslandsbeziehungen Stuttgart
New Yorker belletristisches Journal. New York, NY	Institut für Auslandsbeziehungen Stuttgart
New Yorker Herold. New York, NY	Institut für Auslandsbeziehungen Stuttgart
New Yorker Schwaebisches Wochenblatt. New York, NY	Institut für Auslandsbeziehungen Stuttgart
New Yorker Staats-Zeitung (Wochenblatt der New Yorker Staats-Zeitung). New York	Staats- und Universitätsbibliothek Bremen
Niederhessische Nachrichten. Werra-Bote und Allgemeiner Anzeiger	Gesamthochschulbibliothek Kassel
Niederhessische Zeitung. Zierenberg	Universitätsbibliothek Marburg

Der Niederrheinische Bote. Düsseldorf	Universitätsbibliothek Düsseldorf
Niederrheinische Volkstribüne. Düsseldorf	Universitätsbibliothek Düsseldorf
Niederrheinische Volks-Zeitung. Düsseldorf	Universitätsbibliothek Düsseldorf
Niederrheinische Wacht. Düsseldorf	Universitätsbibliothek Düsseldorf
Niederrheinischer Beobachter. Düsseldorf	Universitätsbibliothek Düsseldorf
Niederrheinischer Kurier. Straßburg	Stadt- und Universitätsbibliothek Frankfurt
(Der) Niederschlesische(er) Anzeiger. Glogau	Staats- und Universitätsbibliothek Bremen
Nord und Süd. Breslau	Staats- und Universitätsbibliothek Bremen
Nordamerika. Philadelphia, Pa.	Institut für Auslandsbeziehungen Stuttgart
Norddeutsche Hansa. Bremen	Staats- und Universitätsbibliothek Bremen
Nordhannoversche Landeszeitung	Hochschulbibliothek Lüneburg
Nordische Zeitung	Institut für Zeitgeschichte München
Nord-Ostsee-Zeitung. Kiel	Schleswig-Holsteinische Landesbibliothek Kiel
Nordschleswigsche Tageszeitung. Flensburg	Schleswig-Holsteinische Landesbibliothek Kiel
Nordschleswigsche Zeitung. Flensburg	Schleswig-Holsteinische Landesbibliothek Kiel
Nordwest. Wochenschrift f. d. öffentliche Leben des nordwestlichen Deutschland. Bremen	Staats- und Universitätsbibliothek Bremen
Nordwestdeutsche Gastwirte-Zeitung (Ab 1943, 1. 4. u.d.T.: Das Gaststättengewerbe). Bremen, Hannover	Staats- und Universitätsbibliothek Bremen
NS-Volksblatt für Westfalen. Bielefeld, Detmold, Minden	Stadtarchiv und Landesgeschichtliche Bibliothek Bielefeld
NSZ-Westmark	Pfälzische Landesbibliothek Speyer
Nürnberg-Fürther Social-Demokrat. Nürnberg	Bibliothek des Archivs der sozialen Demokratie Bonn

Nützliche Sammlung	Niedersächsische Landesbibliothek Hannover
Nützliche Sammlung zum näheren Verstande des Neuen in der politischen und gelehrten Welt... Königsberg	Staats- und Universitätsbibliothek Bremen
Oberamtsblatt für den Bezirk Reutlingen	Stadtbibliothek Reutlingen
Oberhessische Tageszeitung. Amtliche Tageszeitung der NSDAP. Ausgabe Wetterau, Vogelsberg. Giessen	Stadtarchiv Friedberg
Oberhessischer Anzeiger. Marburg	Universitätsbibliothek Marburg
Oberhessischer Anzeiger. Marburg	Stadtarchiv Friedberg
Oberhessischer Anzeiger. Neue Tageszeitung	Stadtarchiv Friedberg
Oberhessischer Anzeiger und Friedberger Zeitung	Stadtarchiv Friedberg
Oberkirchner Anzeiger	Universitätsbibliothek Marburg
Oberrheinischer Courier. Freiburg	Universitätsbibliothek Freiburg
Der Oberschlesier. Oppeln	Staats- und Universitätsbibliothek Bremen
Oberschlesische Zeitung. Beuthen	Staats- und Universitätsbibliothek Bremen
Odenkirchener Volksblatt	Stadtbibliothek Mönchengladbach
Öffentlicher Anzeiger für die Grafschaft Limburg	Stadtarchiv Iserlohn
Öffentliche Anzeigen des Distrikts Bielefeld	Stadtarchiv und Landesgeschichtliche Bibliothek Bielefeld
Offenburger Tageblatt	Stadtarchiv Offenburg
Offenburger Wochenblatt	Stadtarchiv Offenburg
Ohligser Anzeiger	Stadtarchiv Solingen
Oppelner Nachrichten. Oppeln	Staats- und Universitätsbibliothek Bremen
Der Ortenauer Bote	Stadtarchiv Offenburg
Oraviczaer Wochenblatt	Institut für Auslandsbeziehungen Stuttgart
Ortenauer Rundschau	Stadtarchiv Offenburg
Ostböhmens Deutscher Bote	Institut für Auslandsbeziehungen Stuttgart

Ostdeutsche Morgenpost (Beuthener Zeitung). Beuthen	Staats- und Universitätsbibliothek Bremen
Ostfriesische Nachrichten. Breda, Iowa	Institut für Auslandsbeziehungen Stuttgart
Ostholsteinisches Tageblatt und Plöner Zeitung	Schleswig-Holsteinische Landesbibliothek Kiel
Ostjüdische Zeitung. Černovcytz	Institut für Auslandsbeziehungen Stuttgart
Ostpreußische Zeitung. Königsberg	Staats- und Universitätsbibliothek Bremen
Ostsee-Zeitung und Börsen Nachrichten der Ostsee (Börsen-Nachrichten der Ostsee. Stettiner Abendpost). Stettin	Staats- und Universitätsbibliothek Bremen
Paderborner Anzeiger	Stadtarchiv Paderborn
Die Parole. St. Louis, Miss.	Staats- und Universitätsbibliothek Bremen
Der Parteiarbeiter. Berlin	Staats- und Universitätsbibliothek Bremen
Passaic Wochenblatt. Passaic, NJ	Institut für Auslandsbeziehungen Stuttgart
Der Patriot. Bremen	Staats- und Universitätsbibliothek Bremen
Der Pazifist (Das Andere Deutschland). Hagen i.W./Berlin/Hannover	Staats- und Universitätsbibliothek Bremen
Pekings Deutsche Zeitung. Peking	Staats- und Universitätsbibliothek Bremen
Peoria Sonne. Peoria, Ill.	Institut für Auslandsbeziehungen Stuttgart
Die Perspektive. Wochenblatt für die Interessen des schaffenden Volkes. Augsburg	Bibliothek des Archivs der sozialen Demokratie Bonn
Pfälzer Bote. Heidelberg	Universitätsbibliothek Heidelberg
Pfälzer Zeitung. Annweiler, Speyer, Ludwigshafen	Pfälzische Landesbibliothek Speyer
Das Pfennig-Magazin... Leipzig	Staats- und Universitätsbibliothek Bremen
Philadelphia Gazette Demokrat. Philadelphia, Pa.	Institut für Auslandsbeziehungen Stuttgart

Philadelphia Herold. Philadelphia, Pa.	Institut für Auslandsbeziehungen Stuttgart
Philadelphia Tagesblatt. Philadelphia, Pa.	Institut für Auslandsbeziehungen Stuttgart
Der Pionier. Berlin	Staats- und Universitätsbibliothek Bremen
Pinsker Zeitung	Universitätsbibliothek Marburg
Plattdeutsche Post. New York, NY	Institut für Auslandsbeziehungen Stuttgart
Plöner Wochenblatt	Schleswig-Holsteinische Landesbibliothek Kiel
Politische Gespräche der Todten (Aus dem Reiche der Todten, Reich der Todten). Neuwied/Frankfurt a.M.	Staats- und Universitätsbibliothek Bremen
Politische Pfennig-Magazin. Leipzig	Staats- und Universitätsbibliothek Bremen
Politisches Wochenblatt für die freie Hansestadt Bremen. Bremen	Staats- und Universitätsbibliothek Bremen
Polizei- und Fremdenblatt der Stadt Breslau. Breslau	Staats- und Universitätsbibliothek Bremen
Port Washington Zeitung. Port Washington, Wisc.	Institut für Auslandsbeziehungen Stuttgart
Porzia, eine Zeitschrift zur Förderung des Schönen und Guten. Bremen	Staats- und Universitätsbibliothek Bremen
Prager Presse. Prag	Staats- und Universitätsbibliothek Bremen
Prager Tageblatt. Prag	Staats- und Universitätsbibliothek Bremen
Presse von Elsaß-Lothringen	Stadt- und Universitätsbibliothek Frankfurt
Preußische Ostsee-Blaetter. Königsberg	Staats- und Universitätsbibliothek Bremen
Preussische Provinzial-Blätter. Königsberg	Staats- und Universitätsbibliothek Bremen
Der Preußische Sammler. Königsberg	Staats- und Universitätsbibliothek Bremen
Preussische Zehenden allerhand geistlicher Gaben. Königsberg	Staats- und Universitätsbibliothek Bremen

Preußische Zeitung. Königsberg	Staats- und Universitätsbibliothek Bremen
Preußisches Archiv. Königsberg	Staats- und Universitätsbibliothek Bremen
Preußischer Volksfreund. Königsberg	Staats- und Universitätsbibliothek Bremen
Privilegierte Gothaische Zeitung	Landesbibliothek Coburg
Privilegirte Lauenburgische Anzeigen	Kreisarchiv des Kreises Herzogtum Lauenburg
Progress. New York	Staats- und Universitätsbibliothek Bremen
Der Proletarier. Berlin	*Staats- und Universitätsbibliothek Bremen*
Der Proletarier. München/Augsburg	Staats- und Universitätsbibliothek Bremen
Proletarierjugend. Leipzig	Staats- und Universitätsbibliothek Bremen
Proletarische Sozialpolitik. Berlin	Staats- und Universitätsbibliothek Bremen
Der Propagandist. Berlin	Staats- und Universitätsbibliothek Bremen
Questions Ukrains	Universitätsbibliothek Marburg
Radio Illustrierte. Bremen	Staats- und Universitätsbibliothek Bremen
Das räsonirende Dorfkonvent,... Erfurt	Staats- und Universitätsbibliothek Bremen
Rätezeitung. Berlin	Staats- und Universitätsbibliothek Bremen
Ratinger Zeitung	Universitätsbibliothek Düsseldorf
Die Reform. Sprechsaal für vaterstädtische Angelegenheiten. Bremen	Staats- und Universitätsbibliothek Bremen
Die Reform. New York	Staats- und Universitätsbibliothek Bremen
Die Reform. Hamburg-Altona	Staats- und Universitätsbibliothek Hamburg
Der Regulator. Berlin	Staats- und Universitätsbibliothek Bremen
Reichenberger Zeitung	Institut für Auslandsbeziehungen Stuttgart

Der Reichsbürger. Leipzig	Staats- und Universitätsbibliothek Bremen
Der Reichs-Herold/Deutsche Zeitung	Universitätsbibliothek Marburg
Reichspost-Reuter. Altona	Staats- und Universitätsbibliothek Bremen
Relation aus dem Parnesso. Hamburg	Staats- und Universitätsbibliothek Bremen
Relationes Ordinariae. Köln	Staats- und Universitätsbibliothek Bremen
Relations-Courier (Hamburger Relations-Courier). Hamburg	Staats- und Universitätsbibliothek Bremen
Remscheider Arbeiterzeitung	Stadtarchiv Remscheid
Remscheider Tagblatt	Stadtarchiv Remscheid
Remscheider Volksblatt	Stadtarchiv Remscheid
Remscheider Zeitung	Stadtarchiv Remscheid
Rems-Zeitung. Schwäbisch Gmünd	Württembergische Landesbibliothek Stuttgart
Rendsburger Wochenblatt, Rendsburger Tageblatt, Schleswig-Holsteinische Tageszeitung	Schleswig-Holsteinische Landesbibliothek Kiel
Die Republik. Berlin	Staats- und Universitätsbibliothek Bremen
Der Republikaner. Winterthur	Staats- und Universitätsbibliothek Bremen
Reutlinger Generalanzeiger	Stadtbibliothek Reutlingen
Reutlinger Tagblatt	Stadtbibliothek Reutlingen
Reutlinger Zeitung	Stadtbibliothek Reutlingen
Rhein-Echo. Düsseldorf	Universitätsbibliothek Düsseldorf
Rhein-Echo /NRZ. Düsseldorf	Stadtarchiv Solingen
Rhein- und Ruhrzeitung. Essen, Herne	Universitätsbibliothek Düsseldorf
Rheinisch-Westfälische Frauenzeitung. Düsseldorf	Universitätsbibliothek Düsseldorf
Rheinisch-Westfälische Gerichtszeitung. Köln	Universitätsbibliothek Düsseldorf
Rheinisch-Westfälische Zeitung. Essen, Dortmund	Universitätsbibliothek Düsseldorf
Rheinisch-Westfälischer Anzeiger. Dortmund, Hamm	Universitätsbibliothek Düsseldorf

Rheinische Illustrierte. (Düsseldorf)	Universitätsbibliothek Düsseldorf
Rheinische Landeszeitung. (Düsseldorf)	Universitätsbibliothek Düsseldorf
Rheinische Landeszeitung. Mönchengladbach	Stadtbibliothek Mönchengladbach
Rheinische Landeszeitung	Stadtarchiv Remscheid
Rheinische Post. Düsseldorf	Universitätsbibliothek Düsseldorf
Rheinische Post / Solinger Morgenpost	Stadtarchiv Solingen
Rheinische Zeitung. Düsseldorf	Universitätsbibliothek Düsseldorf
Rheinischer Merkur. Koblenz, Bonn	Universitätsbibliothek Düsseldorf
Rheinisches Volksblatt	Stadtbibliothek Mönchengladbach
Rheinpfalz (Ausgabe Landau)	Stadtarchiv Landau
Riedlinger Zeitung	Württembergische Landesbibliothek Stuttgart
Rintelner Anzeiger	Universitätsbibliothek Marburg
Rivarol. Paris	Universitätsbibliothek Düsseldorf
Rochester Abendpost. Rochester, NY	Institut für Auslandsbeziehungen Stuttgart
Rodensberger Zeitung	Universitätsbibliothek Marburg
Rote Bayern Fahne. Augsburg	Bibliothek des Archivs der sozialen Demokratie Bonn
Der Rote Helfer. Berlin	Staats- und Universitätsbibliothek Bremen
Der Rote Sand. Bremen	Staats- und Universitätsbibliothek Bremen
Der Rote Stern. Berlin	Staats- und Universitätsbibliothek Bremen
Rote Tribüne / Freiheit	Stadtarchiv Hagen
Rotenburger Kreisblatt	Gesamthochschulbibliothek Kassel
Rotenburger Kreisblatt. Anzeiger für die amtlichen Bekanntmachungen im Kreise Rotenburg	Gesamthochschulbibliothek Kassel
Rotenburger Tagblatt	Gesamthochschulbibliothek Kassel
Rotenburger Zeitung	Hochschulbibliothek Lüneburg
Rottenburger Zeitung	Stadtarchiv Rottenburg
Rottenburger Zeitung. Rottenburger Nachrichten und Neckarbote	Stadtarchiv Rottenburg
Rottenburger Zeitung und Neckarbote	Stadtarchiv Rottenburg

RSF Mitteilungen. Radikal-soziale Freiheitspartei (Div. UT-Änd.) (Ab 1949, Nr. 13 u.d.T.: Der freie Mensch). (Ab 1952, Nr. 40 u.d.T.: Freisoziale Presse). Bremen (Ab 1950: Hagen)	Staats- und Universitätsbibliothek Bremen
Ruhr-Wort. Essen	Universitätsbibliothek Düsseldorf
Rundschau. Hoboken, NJ	Institut für Auslandsbeziehungen Stuttgart
Rundschau. Winona, Minn.	Institut für Auslandsbeziehungen Stuttgart
Rundschreiben an die Vorstände und Mitglieder aller der Freien Vereinigung deutscher Gewerkschaften angeschlossenen Vereine. Berlin	Staats- und Universitätsbibliothek Bremen
Saar- und Moselzeitung. Trier	Stadtbibliothek Trier
Die Saar-Volksstimme (Auslandsausgabe). Saarbrücken	Staats- und Universitätsbibliothek Bremen
Sachsen-Zeitung. New York, NY	Institut für Auslandsbeziehungen Stuttgart
Sächsische Arbeiter-Zeitung (Dresdner Volkszeitung). Dresden	Staats- und Universitätsbibliothek Bremen
Sächsische Vaterlandsblätter. Leipzig	Staats- und Universitätsbibliothek Bremen
Saginaw Journal. Saginaw, Mich.	Institut für Auslandsbeziehungen Stuttgart
Salt-Lake-City Beobachter. Salt Lake City, Utah	Institut für Auslandsbeziehungen Stuttgart
Samoanische Zeitung	Universitätsbibliothek Marburg
Sankt-Josefs-Blatt. St. Benedict, Ore.	Institut für Auslandsbeziehungen Stuttgart
Schenectady Herold-Journal. Schenectady, NY	Institut für Auslandsbeziehungen Stuttgart
Schlesische Analecten. Hirschberg	Staats- und Universitätsbibliothek Bremen
Schlesische Arbeiter-Zeitung / Arbeiter Zeitung. Breslau	Staats- und Universitätsbibliothek Bremen
Schlesische Provinzial-Blätter. Breslau	Staats- und Universitätsbibliothek Bremen

Schlesische Tageszeitung. Breslau	Staats- und Universitätsbibliothek Bremen
Schlesische Volkszeitung. Breslau	Staats- und Universitätsbibliothek Bremen
Schlesische Volksblätter. Breslau	Bibliothek des Archivs der sozialen Demokratie Bonn
Schlesische Volkszeitung (Breslauer Hausblätter). Breslau	Staats- und Universitätsbibliothek Bremen
Schlesische Zeitung (Privilegirte Schlesische Zeitung, Schlesische privilegirte Staats-, Kriegs- und Friedens-Zeitung(en), Schlesische privilegirte Zeitung(en). Breslau	Staats- und Universitätsbibliothek Bremen
Schlesischer Nouvellen-Courier (Nouvellen-Courier). Breslau	Staats- und Universitätsbibliothek Bremen
Schlüchterner Zeitung. Amtliches Blatt für die Veröffentlichungen des Kreises Schlüchtern	Gesamthochschulbibliothek Kassel
Schwäbische Volkszeitung. Augsburg	Bibliothek des Archivs der sozialen Demokratie Bonn
Schwäbischer Merkur. Stuttgart	Staats- und Universitätsbibliothek Bremen
Schwäbisches Tagblatt. Tübingen	Stadtbibliothek Reutlingen
Schwäbisches Tagblatt (Bezirksausgabe Balingen)	Stadtarchiv Balingen
Schwalm-Bote	Universitätsbibliothek Marburg
Schwarzenbeker Nachrichten	Kreisarchiv des Kreises Herzogtum Lauenburg
Schwarzwälder Bote. Oberndorf	Württembergische Landesbibliothek Stuttgart
Schwarzwälder Kreiszeitung. Reutlingen	Stadtbibliothek Reutlingen
Seeblätter	Stadtarchiv Konstanz
Seeblatt. Friedrichshafen	Stadtarchiv Friedrichshafen
Seeblatt für Stadt und Land. Friedrichshafen	Stadtarchiv Friedrichshafen
Segeberger Kreis- und Tageblatt	Schleswig-Holsteinische Landesbibliothek Kiel
Segeberger Kreis- und Wochenblatt	Schleswig-Holsteinische Landesbibliothek Kiel

Seguiner Zeitung. Seguin, Tex.	Institut für Auslandsbeziehungen Stuttgart
Sheboygan Amerika. Sheboygan, Wisc.	Institut für Auslandsbeziehungen Stuttgart
Sheboygan Volksblatt. Sheboygan, Wisc.	Staats- und Universitätsbibliothek Bremen
Sheboygan Zeitung. Sheboygan, Wisc.	Institut für Auslandsbeziehungen Stuttgart
Social-Demokratisches Wochenblatt. Nürnberg	Bibliothek des Archivs der sozialen Demokratie Bonn
Sociale Republik. New York	Staats- und Universitätsbibliothek Bremen
Social-politische Blätter zur Unterhaltung und Belehrung. Berlin	Staats- und Universitätsbibliothek Bremen
Solinger Volksblatt	Stadtarchiv Solingen
Solinger Zeitung	Stadtarchiv Solingen
Sollinger Nachrichten	Stadtarchiv Uslar
Soltauer Nachrichten	Hochschulbibliothek Lüneburg
Sonntagsblatt (Beilage zur NFZ). Friedberg	Stadtarchiv Friedberg
Sonntagsblatt der Abendpost. Detroit, Mich.	Institut für Auslandsbeziehungen Stuttgart
Sonntagsblatt des Buffalo Volksfreund. Buffalo, NY	Institut für Auslandsbeziehungen Stuttgart
Sonntags-Blatt für Jedermann aus dem Volke. Berlin	Staats- und Universitätsbibliothek Bremen
Samstagsbote. Pittsburgh, Pa.	Institut für Auslandsbeziehungen Stuttgart
Der Souveräne Wahlmann	Stadt- und Universitätsbibliothek Frankfurt
Der Sozialdemokrat. Bremen	Staats- und Universitätsbibliothek Bremen
Sozialdemokratische Feldpost. Berlin	Staats- und Universitätsbibliothek Bremen
Die Sozialistin (Die Spartakistin, Die Kommunistin). Stuttgart, Berlin	Staats- und Universitätsbibliothek Bremen

Spangenberger Zeitung. Amtlicher Anzeiger für die Stadt Spangenberg. Allgemeiner Anzeiger für Stadt und Land. Amtsblatt für das Königliche Amtsgericht Spangenberg	Gesamthochschulbibliothek Kassel
Speierer Anzeiger	Pfälzische Landesbibliothek Speyer
Speierer Wöchentliches Anzeige-Blatt	Pfälzische Landesbibliothek Speyer
Speierer Zeitung	Pfälzische Landesbibliothek Speyer
Speyerer Anzeige-Blatt	Pfälzische Landesbibliothek Speyer
Speyerer Anzeiger	Pfälzische Landesbibliothek Speyer
Speyerer Wöchentliches Anzeigenblatt	Pfälzische Landesbibliothek Speyer
Speyerer Zeitung	Pfälzische Landesbibliothek Speyer
Der Sprecher oder Rheinisch-Westfälischer Anzeiger. Hamm, Wesel	Universitätsbibliothek Düsseldorf
Staat und Bürger. Breslau	Staats- und Universitätsbibliothek Bremen
Staats- und Gelehrte Zeitung des Königl. Dänischen unpartheyischen Correspondenten. Hamburg-Altona	Staats- und Universitätsbibliothek Bremen
Staatsherold. Chicago, Ill.	Institut für Auslandsbeziehungen Stuttgart
Stadt-Aachener-Zeitung	Öffentliche Bibliothek Aachen
Stadt-Blatt. Oppeln	Staats- und Universitätsbibliothek Bremen
Der Stadtkölnische Reichscourier. Köln	Staats- und Universitätsbibliothek Bremen
Der Standpunkt. Meran, Bozen	Universitätsbibliothek Düsseldorf
Stettiner Zeitung (Königlich privilegirte Stettiner Zeitung, Königlich privilegirte Stettinische Zeitung, Königlich Preußische Pommersche Zeitung, Königlich Preußische Stettiner Zeitung). Stettin	Staats- und Universitätsbibliothek Bremen
Störbote	Schleswig-Holsteinische Landesbibliothek Kiel
Stolbergische Sammlung Neuer und Merckwürdiger Welt-Geschichte. Stolberg	Staats- und Universitätsbibliothek Bremen

Stralsundische Relations Courier. Stralsund	Staats- und Universitätsbibliothek Bremen
Straßburger Tageblatt	Stadt- und Universitätsbibliothek Frankfurt
Straßburger Wochenblatt	Stadt- und Universitätsbibliothek Frankfurt
Straßburger Zeitung – Amtliche Nachrichten	Stadt- und Universitätsbibliothek Frankfurt
Stuttgarter NS-Kurier	Württembergische Landesbibliothek Stuttgart
Süd-California Deutsche Zeitung. San Diego, Calif.	Institut für Auslandsbeziehungen Stuttgart
Süddeutsche Blätter für Kirche und freies Christentum	Landeskirchliche Bibliothek Karlsruhe
Süddeutsche Post. München	Staats- und Universitätsbibliothek Bremen
Süddeutsche Sonntagszeitung. Heilbronn/Stuttgart	Staats- und Universitätsbibliothek Bremen
Süddeutsche Volksstimme (Neue Mainzer Zeitung, Die Volksstimme). Mainz	Staats- und Universitätsbibliothek Bremen
Süddeutsches evangelisch-protestantisches Wochenblatt	Landeskirchliche Bibliothek Karlsruhe
Syracuse Union. Syracuse, NY	Institut für Auslandsbeziehungen Stuttgart
Der Tabak-Arbeiter. Bremen	Staats- und Universitätsbibliothek Bremen
Tägliche Omaha Tribüne. Omaha, Nebr.	Institut für Auslandsbeziehungen Stuttgart
Tägliche Volkszeitung. St. Paul, Minn.	Institut für Auslandsbeziehungen Stuttgart
Täglicher Anzeiger für Lüttringhausen	Stadtarchiv Remscheid
Täglicher Baltimore Correspondent. Baltimor, Md.	Institut für Auslandsbeziehungen Stuttgart
Tagblatt Brüxer Volkszeitung	Institut für Auslandsbeziehungen Stuttgart
Tageblatt. Heidelberg	Universitätsbibliothek Heidelberg
Tageblatt und allgemeiner Anzeiger	Gesamthochschulbibliothek Kassel

Tageblatt für Kurhessen und das angrenzende Thüringen und Sachsen	Universitätsbibliothek Marburg
Tagebuch der merkwürdigen Staatsbegebenheiten. Braunschweig	Staats- und Universitätsbibliothek Bremen
Tagesberichte aus der polnischen und jüdischen Presse	Universitätsbibliothek Marburg
Tages-Chronik. Bremen	Staats- und Universitätsbibliothek Bremen
Der Tagesherold. Konstanz	Stadtarchiv Konstanz
Tagespost. Freiburg	Universitätsbibliothek Freiburg
Tagespost. Brünn	Institut für Auslandsbeziehungen Stuttgart
Tauber-Zeitung	Württembergische Landesbibliothek Stuttgart
Taylor Herold. Taylor, Tex.	Institut für Auslandsbeziehungen Stuttgart
Tele. Stockholm	Staats- und Universitätsbibliothek Bremen
Der Teutsche Diogenes. Danzig	Staats- und Universitätsbibliothek Bremen
Telegraph. Bremen	Staats- und Universitätsbibliothek Bremen
Texas Herold. Taylor, Tex.	Institut für Auslandsbeziehungen Stuttgart
Tilsener gemeinnütziges Wochenblatt. Tilsit	Staats- und Universitätsbibliothek Bremen
Toledo Express. Toledo, Ohio	Institut für Auslandsbeziehungen Stuttgart
Toledoer Sonntagszeitung. Toledo, Ohio	Institut für Auslandsbeziehungen Stuttgart
Tribüne der Demokratie. Informationsblatt der KPD Land Bremen. Bremen	Staats- und Universitätsbibliothek Bremen
Der Trier Ankündiger	Stadtbibliothek Trier
Trierer Nationalblatt	Stadtbibliothek Trier
Trierische Landeszeitung	Stadtbibliothek Trier
Trierische Zeitung	Stadtbibliothek Trier
Trier'sche Zeitung	Stadtbibliothek Trier
Trierisches Intelligenzblatt	Stadtbibliothek Trier
Trierisches Offizielles Blatt	Stadtbibliothek Trier

Trierisches Wochenblättgen	Stadtbibliothek Trier
Trierisches Wochenblatt	Stadtbibliothek Trier
Troy Freie Presse. Troy, ND	Institut für Auslandsbeziehungen Stuttgart
Der Turm. Bielefeld	Stadtarchiv und Landesgeschichtliche Bibliothek Bielefeld
Ukrainische Nachrichten. Mitteilungen des Bundes zur Befreiung der Ukraine. Wien	Universitätsbibliothek Marburg
Der Unabhängige (Ab 5. 11. 1893 u. d. T.: Deutsches Volksblatt/Der Unabhängige). Bremen	Staats- und Universitätsbibliothek Bremen
Die Union. Bremen	Staats- und Universitätsbibliothek Bremen
Die Union. Hamburg	Staats- und Universitätsbibliothek Bremen
Union Elsaß-Lothringen	Stadt- und Universitätsbibliothek Frankfurt
Unser Werk (Borgward). Bremen	Staats- und Universitätsbibliothek Bremen
Unterhaltungsblatt zum Anzeiger für Oberhessen	Stadtarchiv Friedberg
Vaterstädtische Blätter	Bibliothek der Hansestadt Lübeck
Vegesacker Wochenblatt. Vegesack	Staats- und Universitätsbibliothek Bremen
Verbo Seeblatt. Friedrichshafen	Stadtarchiv Friedrichshafen
Verbo Seeblatt. Friedrichshafener Tagblatt	Stadtarchiv Friedrichshafen
Verbo Friedrichshafen	Stadtarchiv Friedrichshafen
Verdener Anzeigenblatt	Hochschulbibliothek Lüneburg
Vereinigte Dreistädte-Zeitung. Viersen	Universitätsbibliothek Düsseldorf
Vermischte Neben-Studen, Darinnen allerhand Oberservationes,... Wismar	Staats- und Universitätsbibliothek Bremen
Verordnungsblatt für das Generalgouvernement Warschau	Universitätsbibliothek Marburg
Verzeichnis der zu Baden im badenbadischen anwesenden Kurgäste im Sommer... Baden-Baden	Stadtbibliothek Baden-Baden

Viereckts New York. The American Weekly	Universitätsbibliothek Marburg
Vistnik sojuza vizrolennja Ukraini (Nachrichtenblatt des Bundes zur Befreiung der Ukraine)	Universitätsbibliothek Marburg
Volk und Zeit. Hamburg	Staats- und Universitätsbibliothek Bremen
Volksblatt. Solingen	Stadtarchiv Solingen
Volksblatt für Lüneburg und Umgebung	Hochschulbibliothek Lüneburg
Volksblatt für Remscheid und Umgebung	Stadtarchiv Remscheid
Volks-Echo. Bielefeld	Stadtarchiv und Landesgeschichtliche Bibliothek Bielefeld
Der Volks-Freund. Konstanz	Stadtarchiv Konstanz
Der Volksfreund für Stadt und Land (Deutscher Volksfreund). Breslau	Staats- und Universitätsbibliothek Bremen
Der Volksfreund. Der Patriot. Jena	Staats- und Universitätsbibliothek Bremen
Der Volksfreund – Politisches Unterhaltungs- und Anzeigenblatt aus dem Oberamt Balingen	Stadtarchiv Balingen
Die Volksgemeinschaft. Heidelberg	Universitätsbibliothek Heidelberg
Volksgemeinschaft. Heidelberger Beobachter	Landesarchivdirektion Baden-Württemberg Stuttgart
Die Volksparole (Krefeld, Düsseldorf)	Universitätsbibliothek Düsseldorf
Volksparole. Mönchengladbach	Stadtbibliothek Mönchengladbach
Volksparole	Stadtarchiv Remscheid
Volksspiegel. Breslau	Staats- und Universitätsbibliothek Bremen
Die Volksstimme. Düsseldorf	Universitätsbibliothek Düsseldorf
Volksstimme. Budapest	Staats- und Universitätsbibliothek Bremen
Volksstimme (Nepszava, Beil.) Budapest	Staats- und Universitätsbibliothek Bremen
Volksstimme. Budapest	Staats- und Universitätsbibliothek Bremen
Volksstimme	Universitätsbibliothek Marburg

Volksstimme des Westens. St. Louis, Miss.	Staats- und Universitätsbibliothek Bremen
Der Volkstribun. New York	Staats- und Universitätsbibliothek Bremen
Volkswacht. Freiburg	Universitätsbibliothek Freiburg
Volkswacht	Stadtbibliothek Trier
Volkswacht Bielefeld	Stadtarchiv und Landesgeschichtliche Bibliothek Bielefeld
Volkswille. Budapest	Staats- und Universitätsbibliothek Bremen
Volkswille. Organ des arbeitenden Volkes. Augsburg	Bibliothek des Archivs der sozialen Demokratie Bonn
Volkswille. Tageszeitung der unabhängigen sozialistischen Partei für Schwaben und Neuburg	Bibliothek der sozialen Demokratie Bonn
Volkszeitung	Universitätsbibliothek Heidelberg
Volkszeitung	Bibliothek des Archivs der sozialen Demokratie Bonn
Volkszeitung	Universitätsbibliothek Düsseldorf
Volkszeitung. Halle	Staats- und Universitätsbibliothek Bremen
Volkszeitung. Winona, Minn.	Institut für Auslandsbeziehungen Stuttgart
Volkszeitung für Augsburg und Umgebung. Organ für Jedermann aus dem Volke	Bibliothek des Archivs der sozialen Demokratie Bonn
Vollzugsrat der Betriebs- und Soldatenräte. Mitteilungen	Staats- und Universitätsbibliothek Bremen
Vom Bürgerkrieg. Berlin, Wien	Staats- und Universitätsbibliothek Bremen
Von Lübecks Thürmen	Bibliothek der Hansestadt Lübeck
Vorwärts. Hillsboro, Kans.	Institut für Auslandsbeziehungen Stuttgart
Vorwärts. Milwaukee, Wisc.	Institut für Auslandsbeziehungen Stuttgart
Wacht am Sunde. Tacoma, Wash.	Institut für Auslandsbeziehungen Stuttgart
Der Wächter. Bielefeld	Stadtarchiv und Landesgeschichtliche Bibliothek Bielefeld

Wächter und Anzeiger. Cleveland, Ohio	Institut für Auslandsbeziehungen Stuttgart
Wagrisches Wochenblatt	Schleswig-Holsteinische Landesbibliothek Kiel
Waldeckische Landeszeitung. Korbach	Universitätsbibliothek Marburg
Walder Zeitung/Bergische Zeitung	Stadtarchiv Solingen
Walsroder Zeitung	Hochschulbibliothek Lüneburg
Der Wanderer. St. Paul, Minn.	Institut für Auslandsbeziehungen Stuttgart
Der Wandsbeker Bote. Hamburg	Staats- und Universitätsbibliothek Bremen
Warschauer Mitteilungen. Berichte aus dem Königreich Polen	Universitätsbibliothek Marburg
Washington Journal. Washington, DC	Institut für Auslandsbeziehungen Stuttgart
Washington Staatszeitung. Washington, DC	Institut für Auslandsbeziehungen Stuttgart
Der Weckruf. Coburg	Landesbibliothek Coburg
Der Weg der Frau. Berlin	Staats- und Universitätsbibliothek Bremen
Weltkampf. Zwickau	Staats- und Universitätsbibliothek Bremen
Werkmeisterzeitung. Düsseldorf, Duisburg	Universitätsbibliothek Düsseldorf
Werra-Bote. Allgemeiner Anzeiger für Allendorf, Bad Sooden und das untere Werratal	Gesamthochschulbibliothek Kassel
Werra-Bote. Allgemeiner Anzeiger für Stadt und Land. Meiningen	Gesamthochschulbibliothek Kassel
Wertheimer Intelligenz-Blatt mit hoher Samt-Herrschaften Gnädigster Concession	Landesarchivdirektion Baden-Württemberg Stuttgart
Wertheimer Intelligenz-Blatt oder wöchentliche Anzeigen und Nachrichten	Landesarchivdirektion Baden-Württemberg
Wertheimer Regierungs- und Intelligenzblatt	Landesarchivdirektion Baden-Württemberg Stuttgart

Wertheimer wöchentliche Anzeigen und Nachrichten zum Nutzen und Vergnügen des Publici	Landesarchivdirektion Baden-Württemberg Stuttgart
Wertheimer Zeitung	Landesarchivdirektion Baden-Württemberg Stuttgart
Weser Bote. Alliiertes Nachrichtenblatt. Hrsg. von der 12. amerikanischen Heeresgruppe für die deutsche Zivilbevölkerung der Enklave Bremen. Bremen	Staats- und Universitätsbibliothek Bremen
Weser-Warte. Bremen	Staats- und Universitätsbibliothek Bremen
Weser Zeitung. Bremen	Staats- und Universitätsbibliothek Bremen
Wesermünder Neueste Nachrichten. Bremerhaven (Wesermünde)	Staats- und Universitätsbibliothek Bremen
Weser-Warte. Bremen	Staats- und Universitätsbibliothek Bremen
Westböhmische Rundschau	Institut für Auslandsbeziehungen Stuttgart
Westdeutsche Arbeiterpost. Düsseldorf	Universitätsbibliothek Düsseldorf
Westdeutsche Landeszeitung. Mönchengladbach	Stadtbibliothek Mönchengladbach
Westdeutsche Neue Presse. Düsseldorf	Universitätsbibliothek Düsseldorf
Westdeutsche Post. Düsseldorf	Universitätsbibliothek Düsseldorf
Westdeutsche Rundschau. Wuppertal	Universitätsbibliothek Düsseldorf
Westdeutsche Volkszeitung. Tremonia	Stadtarchiv Hagen
Westdeutsche Wirtschafts-Zeitung. Köln	Universitätsbibliothek Düsseldorf
Westdeutsche Zeitung (Barmen)	Universitätsbibliothek Düsseldorf
Westdeutsche Zeitung. Düsseldorfer Nachrichten	Universitätsbibliothek Düsseldorf
Der Westfälische Anzeiger. Dortmund, Dorsten	Universitätsbibliothek Düsseldorf
Westfälische Post/Westfälisches Tageblatt. Hagen	Stadtarchiv Hagen
Westfälische Volkszeitung. Bochum	Stadtarchiv Bochum

Westfälischer Beobachter. Bottrop	Stadtarchiv und Landesgeschichtliche Bibliothek Bielefeld
Westphälischer Moniteur (Le Moniteur Westphalien). Cassel	Staats- und Universitätsbibliothek Bremen
Westfälisches Volksblatt. Paderborn	Stadtarchiv Paderborn
Die Westliche Post. St. Louis, Mo.	Institut für Auslandsbeziehungen Stuttgart
Westlicher Herold. Winona, Minn.	Institut für Auslandsbeziehungen Stuttgart
Wetterauer Anzeigenblatt	Stadtarchiv Friedberg
Wetterauer Nachrichten, unabhängige Zeitung für Stadt und Kreis Friedberg, Bad Nauheim und Butzbach	Stadtarchiv Friedberg
Wetterau Volksblatt. Friedberg	Stadtarchiv Friedberg
Der Wille – Nationalsozialistische Tageszeitung und Amtsblatt für den Kreis Balingen	Stadtarchiv Balingen
Wille und Weg. München	Staats- und Universitätsbibliothek Bremen
Wilnaer Zeitung	Universitätsbibliothek Marburg
Wilstersche Zeitung	Schleswig-Holsteinische Landesbibliothek Kiel
Winsener Zeitung	Hochschulbibliothek Lüneburg
Witzenhauser Kreisblatt	Gesamthochschulbibliothek Kassel
Witzenhauser Kreisblatt. Amtliches Organ für den Kreis Witzenhausen	Gesamthochschulbibliothek Kassel
Das Wochenblatt. Austin, Tex.	Institut für Auslandsbeziehungen Stuttgart
Wochenblatt. Offenburg	Stadtarchiv Offenburg
Wochenblatt	Pfälzische Landesbibliothek Speyer
Wochenblatt für den Verwaltungsbezirk Eschwege im Jahre	Gesamthochschulbibliothek Kassel
Wochenblatt für den Oberamtsbezirk Biberach	Württembergische Landesbibliothek Stuttgart
Wochen-Chronik. Sonntagsblatt zur Morgenzeitung. Bremen	Staats- und Universitätsbibliothek Bremen
Wochenschrift für Vegesack und Umgegend. Bremen	Staats- und Universitätsbibliothek Bremen

Wochenschrift zum Besten der Erziehung der Jugend. Stuttgart, Tübingen	Staats- und Universitätsbibliothek Bremen
Wochenspiegel. Düsseldorf	Universitätsbibliothek Düsseldorf
Wöchentlich Zweybrücker Frag- und Kundschaftsblatt	Pfälzische Landesbibliothek Speyer
Wöchentliche Duisburgische Anzeigen	Universitätsbibliothek Düsseldorf
Wöchentliche Duisburgische auf das Interesse der Commercien der Clevischen, Geldrischen, Moers- und Märckischen, auch umliegenden Landes Orten eingerichtete Addresse- und Intelligentz-Zettel. Düsseldorf	Universitätsbibliothek Düsseldorf
Wöchentliche Königsbergische Frag- und Anzeigungsnachrichten. Königsberg	Staats- und Universitätsbibliothek Bremen
Wöchentliche Osnabrückische Anzeigen. Osnabrück	Staats- und Universitätsbibliothek Bremen
Wöchentliche Relation (Hallische wöchentliche Relation). Halle	Staats- und Universitätsbibliothek Bremen
Wolfhagener Kreisblatt	Universitätsbibliothek Marburg
Worüber man in der Bremer Gesellschaft spricht (Ab 1908, 10 u.d.T.: Bremer Rundschau). Bremen	Staats- und Universitätsbibliothek Bremen
Württembergisches Seeblatt	Stadtarchiv Friedrichshafen
Würzburger Generalanzeiger	Stadtarchiv Würzburg
Zaberner Tageblatt	Stadt- und Universitätsbibliothek Frankfurt
Zeitung für das Wendland	Hochschulbibliothek Lüneburg
Zeitung für Preußen. Königsberg	Staats- und Universitätsbibliothek Bremen
Zeitung für Städte, Flecken und Dörfer, ... Wolfenbüttel	Staats- und Universitätsbibliothek Bremen
Zeitung der 10. Armee. Wilna	Universitätsbibliothek Marburg
Ziegenhainer Kreisblatt	Universitätsbibliothek Marburg
Ziegenhainer Zeitung	Universitätsbibliothek Marburg
Zweibrücker Intelligenzblatt	Pfälzische Landesbibliothek Speyer
Zweibrücker Wochen-Blatt	Pfälzische Landesbibliothek Speyer

Zweibrücker Wochenblatt	Pfälzische Landesbibliothek Speyer
Zweibrücker Zeitung	Pfälzische Landesbibliothek Speyer
Zweybrücker Zeitung	Pfälzische Landesbibliothek Speyer